教育硕士示范性教材丛书

基于“双师型”教师培养的教育硕士培养体系改革研究(2019JGXM75)
高水平“双师型”教育硕士培养体系建设提升工程成果

学前教育原理

主　编　覃江梅　蔡晓冰
副主编　季　燕　黄秀珍　邱　毛

WUHAN UNIVERSITY PRESS
武汉大学出版社

图书在版编目(CIP)数据

学前教育原理/覃江梅,蔡晓冰主编 .—武汉：武汉大学出版社，2023.1

教育硕士示范性教材丛书

ISBN 978-7-307-23276-1

Ⅰ.学…　Ⅱ.①覃…　②蔡…　Ⅲ.学前教育—教育理论—研究生—教材　Ⅳ.G610

中国版本图书馆 CIP 数据核字(2022)第 154432 号

责任编辑:杨　欢　　　责任校对:鄢春梅　　　版式设计:马　佳

出版发行：**武汉大学出版社**　(430072　武昌　珞珈山)

(电子邮箱:cbs22@ whu.edu.cn　网址：www.wdp. com.cn)

印刷:武汉邮科印务有限公司

开本:720×1000　1/16　印张:10.75　字数:173 千字　插页:1

版次:2023 年 1 月第 1 版　　2023 年 1 月第 1 次印刷

ISBN 978-7-307-23276-1　　定价:58. 00 元

前　言

随着学前教育的快速发展，学前教育的师资培养也极受重视。教材是教师进行教学的重要依据，是实施课程的重要基础，也是提升学前教育师资质量的重要保证。恰逢广东技术师范大学广东省学位与研究生教育改革研究项目“基于‘双师型’教师培养的教育硕士培养体系改革研究”（2019JGXM75）和学校出库项目“高水平‘双师型’教育硕士培养体系建设提升工程”实施的契机，广东技术师范大学进行了“示范课程教材建设”，课题组在此背景下，为打造广东技术师范大学“双师型”教育品牌与特色，加快推进学前教育专业师资质量的提升，编写了本教材。

本教材遵循理论和实践相结合的原则，包含了学前教育基本理论知识和学前教育实践知识，在确保内容深度的同时也紧扣学前教育发展实际。本教材可供高校学前教育专业本科生和研究生使用。本教材共分六章，各章的具体内容如下：

第一章　导论：主要介绍了学前教育的产生与发展以及作为学科的学前教育学的产生与发展。

第二章　幼儿园教师与教师文化：主要介绍了幼儿园教师的职业角色、专业发展以及幼儿园教师文化。

第三章　幼儿园一日活动的安排与指导：主要介绍了幼儿园生活活动、体育活动、自主游戏活动、学习活动的安排与指导。

第四章　幼儿园教育环境创设：主要介绍了幼儿园教育环境的基本概念、幼儿园教育环境创设的原则以及幼儿园环境创设的乡村与城市之维。

第五章　幼儿园师幼互动的理论与实践：主要介绍了幼儿园师幼互动的理论概述以及相关实践案例。

第六章　学前儿童家庭与社区教育：主要介绍了幼儿园与家庭的合作共育以及幼儿园与社区的合作共育。

本教材的编写人员均从事学前教育相关研究，具有丰富的理论和实践经验。本教材的具体编写分工是：覃江梅、邱毛(第一章)，邱毛(第二章)，郑育敏、鄢然(第三章)，文贤君(第四章)，黄秀珍(第五章)，季燕(第六章)。全书由覃江梅和蔡晓冰统稿。本教材在编写过程中，参考了大量书籍、期刊文献以及网络资料，在此向这些著作文献的作者表示感谢。

由于编者水平有限，且教材涉及内容较多，其中难免存在错漏之处，敬请各位读者来电、来函批评指正。

编　者

CONTENTS 目录

第一章 导 论

导读

当今的社会正在飞速发展着，翻天覆地的变化给教育领域带来了机遇，同时也带来了挑战。正确积极地应对挑战，抓住机遇发展自身的理论体系，做到使教育与时俱进，是教育领域真正面临的任务和责任，因为，只有跟随时代的步伐，才能使教育发挥其促进人和社会发展的作用。社会的发展使得人们需要学习的内容增多，计算机网络的发展使得各种信息得到传播，教育也不局限于以前的简单的课本教学，弄清教育的基本概念以及教育在时代发展背景下呈现出的特征，有助于我们更好地理解教育。

教育大背景在发生变化，学前教育自然而然也发生着变化。作为基础教育的一部分，厘清学前教育的产生与发展情况，可以帮助我们整理出前人在学前教育方面的经验和教训，总结学前教育的发展规律，促进学前教育的发展。而学前教育学作为一门专业学科，对学前教育领域的发展更是有着巨大的作用。明确学前教育学的作用，丰富学前教育学的研究方法，把握学前教育学的历史发展趋势，不仅能够为当前学前教育提供理论支撑和实践指导，还能预见未来学前教育的发展趋势，促进学前教育领域的科学发展。

第一节 学前教育的产生与发展

一、教育概论

(一)教育的含义

从词源上讲，“教育”一词在我国最早出现在《孟子·尽心上》中：“得天下英才而教育之，三乐也。”意思是得到天下的英才并对其进行培养，这是第三种快乐。英语、法语及德语的“教育”一词都起源于拉丁文 educare，意为“引出”的意思，也就是通过某种手段或方法来引出人的潜能或价值。在现代，广义的教育指凡是能增进人们的知识和技能，影响人们的思想品德的所有活动。狭义的教育主要是学校教育，指教育者根据一定的社会或阶级的要求，有目的、有计划、有组织地对受教育者的身心施加影响，把他们培养成为一定社会或阶级所需要的人的活动。教育学原理中的教育一般指学校教育，也就是教育机构中的教育。

从教育的起源上讲，目前学术界公认的有三种：生物起源论、心理起源论和劳动起源论。生物起源论的代表人物是法国的哲学家、社会学家勒图尔诺(C. Letourneau，1831—1902)和英国的教育家沛西·能(T. P. Numn，1870—1944)。其代表观点是“教育活动不仅存在于人类社会之中，而且存在于人类社会之外，甚至存在于动物界”“教育的产生完全来自动物的本能，是种族发展的本能需要”。生物起源论是教育学史上第一个正式提出的有关教育起源的学说，标志着在教育起源的问题上，人们开始从依据神话解释转变为依据现实解释。心理起源论的代表人物是美国教育家孟禄(P. Monroe，1869—1947)，其代表观点是人的心理和动物的心理存在着区别，教育起源于原始社会中儿童对成人行为的“无意识模仿”。劳动起源论是在 20 世纪 30 年代提出的，该学说的基础源于恩格斯的《劳动在从猿到猴到人的转变过程中的作用》一书，文中提道“劳动在一定意义上创造了人类本身”。而教育作为人类繁衍生息的重要的实践活动，也应起源于劳动。

（二）教育的要素

每个活动都有其自身的活动要素和决定因素，教育作为一种人类的实践性活动，其要素有三个：教育者、学习者和教育影响。

1. 教育者

韩愈曾说过："师者，传道授业解惑也。"教育者就是帮助学生解决困难、消除疑惑的引导者。在教育活动中，学习者通常是在某一或某些方面还未达到成熟阶段的人，只有通过教育者的"授业"和"解惑"才能够使学习者各方面得到提升和发展，从而成长为完整的人。所以教育者处于主导地位，教育者在尊重学习者的基础上，考量社会以及专业因素，有选择地对学习者进行引导，这是发挥其主导作用的最佳体现。

2. 学习者

作为教育活动的另外一大主体，学习者是不可或缺的。在教育活动中，学习者属于被引导者，在教育者的引导下促进自身的发展。但是被引导不代表学习者是消极的接受者，相反，学习者在教育活动中处于主体地位，因为只有学习者通过自主建造达到自我发展，教育的目的才能够实现，促进学习者的发展是整个教育活动的出发点和落脚点。

3. 教育影响

教育影响是指教育者和学习者在教育这一活动过程中所包含的一切中介因素，在形式上包含教育手段、教育方法、教育组织形式，在内容上包含教育内容、教育材料或教科书，是形式和内容的统一。

（三）教育的发展

随着社会的发展，教育也在发生着变化，经历了古代教育、近代教育到如今的现代教育，今天的教育呈现出了许多新的特点，诸如教育逐渐普及化、民主化，跨文化性，多样性，自由化，更迭性等，在这里主要说明其中的三个特点：跨文化性、多样性和泛在性。

1. 跨文化性

科技的进步尤其是互联网的产生和发展给人们的交流带来了极大的便利，国际间的交流日益频繁，多种文化在相互碰撞、相互交流中得到发展，世界变成了联系紧密的地球村。而教育作为人类生活中不可缺少的一项实践活动，也呈现出跨文化的特点。首先在总体的教育研究上有着跨文化的特点，相比之前的教育研究，现代的研究中盛行不同国家之间的比较研究，研究者们多从不同国家或不同文化出发，寻找教育问题存在的根源，从而寻找出解决方法；其次，在教育思想上，不再囿于本土的一些教育思想，像中国封建社会时期儒家教育思想“一枝独秀”的情况也不再存在，而是在交流中有选择地引进其他国家的先进教育思想，这样不仅能够增强教育思想的丰富性和科学性，并且能够开阔教育者的眼界，激发教育者的创造力。所以，现代的整个教育都呈现出跨文化性的特点。

2. 多样性

多样性其实是伴随着交流的日益频繁而产生的，随着交流的频繁，许多方法、手段也被相继介绍而来，这就促成了多样性。从教师角度出发，在教学模式上诸如程序教学模式、发现教学模式、掌握学习教学模式、暗示教育模式以及非指导性教学模式等被广为流传；在教学组织形式上不仅有个别教学制、班级授课制，还有贝尔-兰卡特制、道尔顿制、特朗普制、文纳特卡制、设计教学法、小队教学法等也得到许多人的认可。从学习者角度出发，在学习渠道上，不仅可以通过教师讲授、同伴的交流来进行学习，还可以借助互联网来寻找更多学习的渠道，MOOC、SPOC 等网络学习平台的流传使得学习方式更加多样化，学习者能更加有效地利用时间，提高了学习效率，也促成了教育的多样化；在学习内容上，不仅可以学习教材中的知识，还可以通过不同的渠道学习其他的自己感兴趣的知识，增强了学习者的学习兴趣，提高了学习的个性化水平。

3. 泛在性

泛在性是指无时无刻不在学习，包含着学习的群体和学习的时间跨度，这不仅体现着教育的普及性，也体现着教育的终身性。日益复杂的社会生活为人们提供了泛在学习的动力，只有通过不间断的学习才能不断充实自己，提高自己的能力，使自己不至于落后于社会。而科技的发展为人们的学习提供了更多的机会，以往的人们只有通过组织专门的活动进行学习或者去图书馆等固定的场所自学，学习的机会较少，学习的人群也局限于一些有条件的人。而现在人们不仅可以通过互联网结成团体进行学习，并在网上进行交流讨论，也可以通过观看网络视频课程来进行学习，在闲暇时还可以通过手机进行学习，这在一定程度上扩大了学习的群体。互联网的连接以及智能手机的问世，使每个人都可以拥有或多或少的学习资源，同时也延长了学习的时间，每时每刻都可以学习，代表着人的一生都处在不断学习的过程中。

二、学前教育

(一)学前教育的概念

学前教育，从字面上不难理解，就是对从出生到进入小学之前的儿童所进行的教育。首先从年龄上进行了限定，学前教育的对象限定为入学年龄之前的儿童；其次，对教育对象所处的学习状态也进行了限定，进入小学之前说明学前教育的教育对象在学习状态上处于开端状态、初始状态。学前教育包含着多种形式，有以家庭教育形式进行的，有以社会教育形式进行的，还有以教育专门机构形式进行的。

1981 年，联合国教科文组织巴黎国际学前教育协商会议对学前教育的概念做了界定：学前教育是指能够激起从出生到进入小学前的儿童的学习愿望，给他们学习体验，且有助于他们整体发展的活动的总和。

由于受到各个国家的历史传统、文化、国情等因素的影响，不同国家对学前教育对象在具体的年龄划分上存在着差异。我国的法定入学年龄为 6 岁，所以在我国，学前教育的对象是 0—6 岁的儿童，在这里又划分为两个阶段，0—3 岁儿童进入托儿所，3—6 岁儿童进入幼儿园。美国的 3—5 岁儿童为学前儿童，进幼儿学校，5 岁(甚至 4 岁)进设在小学的幼儿园，6 岁入学。① 在新西兰，学前教育的对象是 0—5 岁的儿童。虽然各国学龄前儿童的年龄受各种因素影响存在着差异，但是主要都为 0—6 岁，这一阶段的儿童在心理上和生理上的平均发展水平差异不大，也具有很多共同特点，所以对这一阶段的儿童的教育称为学前教育。

---

① 黄人颂．学前教育学[M]．北京：人民教育出版社，2015：3.

(二)学前教育的特点

不同阶段和不同种类的教育各有其特点，作为国民教育重要组成部分的学前教育也有其自身特点。

1. 基础性

基础性是学前教育最鲜明的特点之一。从社会来看，在我国的整个国民教育体系中，学前教育是处于起始阶段的教育。2003 年，国务院颁布的《关于幼儿教育改革与发展的指导意见》指出，学前教育是基础教育的重要组成部分，发展幼儿教育对于促进儿童身心全面健康发展，普及义务教育，提高国民素质，实现全面建设小康社会的奋斗目标具有重要意义。① 这充分体现了学前教育在我国社会发展中的作用，也体现了学前教育的基础性的特点。从人的发展轨迹来看，学前教育的对象是出生后至进入小学前的儿童，他们在年龄上处于开端时期。现代心理学和脑科学都证明，学前阶段的教育对人今后一生的发展都起着至关重要的作用，学前阶段发展得好，可以为今后的发展起到一定的促进作用；如果学前阶段发展欠缺，今后花大量精力也很难，甚至不能弥补学前期留下的缺陷。所以抓好学前教育能为以后的教育以及人生发展奠定良好的基础。

【案例描述】

《伤仲永》

金溪民方仲永，世隶耕。仲永生五年，未尝识书具，忽啼求之。父异焉，借旁近与之，即书诗四句，并自为其名。其诗以养父母、收族为意，传一乡秀才观之。自是指物作诗立就，其文理皆有可观者。邑人奇之，稍稍宾客其父，或以钱币乞之。父利其然也，日扳仲永环谒于邑人，不使学。

余闻之也久。明道中，从先人还家，于舅家见之，十二三矣。令作诗，不能称前时之闻。又七年，还自扬州，复到舅家问焉，曰“泯然众人矣”。

---

① 国务院．国务院关于幼儿教育改革与发展的指导意见[EB/OL]. http://www.moe.gov.cn/s78/A06/jcys_left/moe_705/s3327/201001/t20100128_81996.html.

王子曰：仲永之通悟，受之天也。其受之天也，贤于材人远矣。卒之为众人，则其受于人者不至也。彼其受之天也，如此其贤也，不受之人，且为众人；今夫不受之天，固众人，又不受之人，得为众人而已耶？

——(宋)王安石《伤仲永》

【案例描述】

学前教育在人的发展中起着重要作用，在早期对儿童进行合理的教育会影响人的一生的发展。方仲永本拥有超高的文学天赋，如果他的父亲知道了仲永的才能之后对其进行合理科学的教育，以合理的方式对待仲永，仲永可能会凭借自己的才能和后天的教育成为一个出色的人，实现其人生价值。但是，由于仲永的父亲贪图眼前的利益，没有对仲永进行合理的教育，而是每天拉着仲永进行炫耀以捞取好处，才致使仲永“泯然众人矣”。

2. 公益性

早前的人们在举办学前教育机构的时候都带有救济的目的，如我国民国时期的慈幼院等，这说明了在一开始学前教育就带有公益性。2010 年，国务院颁布的《关于当前发展学前教育的若干意见》中就指出学前教育是终身学习的开端，是国民教育体系的重要组成部分，是重要的社会公益事业。① 公益性是对学前教育进行价值判断后得出的一个特点。教育承担着促进人和社会发展的重要作用，有其固有的社会公益性，而学前教育作为国民教育的重要组成部分必定也存在公益性的特征。从教育本质来看，学前教育作为教育实践活动的一种，具有教育本身所具有的公益性。从作用来看，举办各种形式的学前教育不仅能够促进学前儿童的发展，同时也减轻了家庭中尤其是母亲的负担，使父母安心地投入本职工作，有利于社会的发展和进步。②

---

① 国务院．国务院关于当前发展学前教育的若干意见[EB/OL]．http：//www. gov. cn/zwgk/2010-11/24/content_1752377. htm.

② 黄人颂．学前教育学[M]．北京：人民教育出版社，2015：4.

3. 保教结合性

保教结合性是学前教育和其他形式的教育区分的重要标志之一。学前教育之所以具有保教结合的特点是因为其教育对象的特殊性，学前儿童在生理和心理上都处于发展不成熟阶段，需要人进行保育和教育。幼儿保育是指幼教机构中教养人员为促进幼儿健康成长而从事的卫生保健和安全防护工作，保教结合是指广大的幼教工作者在实际工作中既要重视对儿童的教育培养工作，又要重视对儿童的卫生保健工作，促进儿童身体的健康发展。① 从我国相关的政策文本中也可以看出学前教育保教结合的特点，1979 年教育部颁布的《城市幼儿园工作条例(试行草案)》就对教养员和保育员的相关工作做了规定，1979 年的《全国托幼工作会议纪要》以及 2012 年卫生部颁布的《托儿所幼儿园卫生保健工作规范》也对学前儿童的保育和教育工作做了说明，这都体现了学前教育的保教结合性。

（三）学前教育的产生与发展

1. 古代学前教育的发展

教育作为一种实践活动，在人类为了维系社会生存和延续的需要而进行生活经验的传递的时候就已经产生。一般来说，古代教育可以分为原始社会的教育、奴隶社会的教育和封建社会的教育，学前教育也可以以此标准来进行划分。

原始社会初期以部落生活为主，对于儿童的教育也在部落内部开展，部落里的儿童都是公养公育，所以教育的对象也是氏族部落里的所有儿童，不存在阶级性。由于当时的生产力低下，人们的生产和教育没有分离，所以教育内容也以日常生活经验为主，包括一些狩猎和采集的方法的传授。由于教育内容与生活经验息息相关，所以教育者多为一些生活经验丰富、具有声望的年长者，而教育方法主要包括从观察和模仿中学习、从传授和教导中学习、奖励和惩戒、集体活动教育。② 后来随着原始社会的发展，母系社会慢慢被父系社会代替，儿童开始由家庭抚养和教育，早期多接受一些简单的自发的家庭教育，到了三四岁，就直接参

① 蔡迎旗. 学前教育原理[M]. 武汉：华中师范大学出版社，2017：8.
② 郭法奇. 外国学前教育史[M]. 北京：北京大学出版社，2015：13.

加成人的部分劳动，如采集果实、猎取鸟兽、赶羊、喂牛和做饭等。①

奴隶社会的儿童教育继续发展，由于受到父系社会的影响，父亲拥有教育决定权成为这一时期的儿童教育的一大特点，当时的儿童教育多以家庭教育为主，但是存在一些专门对儿童进行教育的场所。教育内容由原始社会的简单生活技能扩展到与集体的生存竞争息息相关的军事战争的训练以及公民教育等内容。这一阶段中数东方的古希伯来和西方的古希腊的儿童教育最为经典。古希伯来的儿童教育分为两个时期——摩西改革前和摩西改革后。在摩西改革前的古希伯来，父亲拥有着教育的决定权，父亲也是儿童的主要教育者，教育手段比较严厉，教育内容主要为《摩西十诫》；在摩西改革后儿童的地位有所上升，儿童具有公民地位，父亲对儿童的教育也逐渐人性化。在古希腊，对于儿童的教育多由国家负责，只是不同城邦的规定年限有所不同，除了家庭教育外，也会设置专门场所供教育儿童所用。作为古希腊儿童教育的代表，斯巴达和雅典的教育各具特色，斯巴达儿童教育的特色是以军事和政治内容为主，教育比较严格；而雅典儿童教育的特色是注重儿童的和谐发展，教育活动包含唱摇篮曲、讲故事、唱歌和做游戏等多种形式，教育手段比较温和。

在儿童教育方面，封建社会由于受宗教的影响，“预成论”成为主流思想，认为当妇女受孕时，一个极小的、完全成形的人就被植于精子或卵子中，人在被创造的一瞬间就形成了。所以人们忽略了儿童身心发展不完全的特性，更多时候把儿童当成是“小大人”，用成人的思想来对待儿童，如在法国的贵族家庭中男孩被打扮成骑士模样，女孩则被打扮成贵妇模样。此时的社会等级制度明显，这种等级制度也体现在对儿童的教育上，只有贵族的子女才有机会接受一些诸如骑士训练的教育，普通平民的子女则多在家中接受家庭教育。由于对儿童没有正确的认识，加之深受宗教神学的影响，认为儿童天生是有原罪的，所以此时儿童的地位低下，教育方法也多为训诫以及死记硬背等比较粗暴的手段。

2. 近代学前教育的发展

近代社会发展，资本主义兴起，手工工厂逐渐壮大，对于劳动力的需求也日益增大，一些妇女为了生计也开始走向工厂工作，导致家里的儿童无人看管，引

---

① 黄人颂．学前教育学[M]．北京：人民教育出版社，2015：27.

起了社会的重视，这在一定程度上促进了这个时期的学前教育的发展。同时，大规模的工厂工作对劳动力的素质有了更进一步的要求，需要懂得一些基本操作技巧的劳动力，促使对儿童的教育增加了知识技能的训练，教育内容和教育方法也有所改变。整个近代社会的学前教育从以家庭为主走向社会化探索时期。关于学前教育的机构也逐渐增多，这一时期的学前教育机构的一大特点是以慈善为出发点来开办，许多机构都是一些慈善家为了帮助处于贫困家庭的儿童或者孤儿而开办的。具有代表性的机构有法国牧师奥柏林(J. F. Oberlin，1740—1826)在1776年创办的“编织学校”、英国空想社会主义思想家和教育家罗伯特·欧文(Robert Owen 1771—1858)在1816年创办的“幼儿学校”，以及福禄贝尔(Friedrich Frobel，1782—1852)创办的幼儿园。“编织学校”被公认为是近代西方最早的学前教育机构，它是一所季节性的机构，在农忙季节开放，帮助家庭缓解压力，接收的对象主要为3岁以上的儿童，教育内容除了编织以外，还包括法语、宗教、格言和童话等，教学内容比较丰富，教学主要以游戏方式进行。“幼儿学校”是欧文建立的“性格养成学校”的组成部分之一，主要接收1—6岁儿童，并将其分为两个阶段：1—3岁和3—6岁，设有保育和教育中心，教育内容涉及自然、地理、社会和艺术等方面，教学主要以讲座方式进行。福禄贝尔在1837年创办了幼儿教育机构，并在1840年正式命名其为幼儿园，这是世界上第一所以幼儿园命名的学前教育机构，教育对象为3—7岁的幼儿，福禄贝尔以其教育思想和教育实践为世界学前教育的发展做出了巨大贡献。诸如此类的还有法国的柯夏托儿所，德国的巴乌利美保育所、阿尔古斯堡托儿所等，学前教育机构相继出现，源于社会问题的出现，也促进了社会的发展。

在学前教育机构不断发展的同时，国家也越来越意识到学前教育的重要性，逐渐重视学前教育的发展，在鼓励相关人士举办一些机构之外，还创建和完善了学前教育相关的法律法规。英国在1601年颁布了《济贫法》，1697年又颁布了《国内贫民救济法》，规定要对贫穷儿童进行一定的教育，还对一些慈善机构的运营做出规定，使得英国的儿童教育更加规范化。法国在1832年颁布了《基佐法案》，提出把托儿所当做初等教育的基础，并在后来逐步完善国家对托儿所补助等政策。这些法律法规对学前教育的发展起到了很大的作用，使得学前教育慢慢走向社会视野，并逐渐制度化和科学化。

（四）我国学前教育的产生与发展

1. 我国古代学前教育的产生与发展

我国是四大文明古国之一，有着灿烂的历史文化，在很早就有关注学前儿童或者儿童的教育的传统。在原始社会时期，生产资料是公有制的，没有阶级，没有家庭，人们对于儿童的观念是“人不独亲其亲，不独子其子”，所以教育也不存在阶级性，对儿童的教育也是公养公育，在这一时期出现了早期的儿童公育机构“庠”。“庠”的地点一般设在老年人居住的地方，它不仅是教育的场所，同时也是养老的场所，年长者在这里对年轻一辈进行教育。后来随着社会形态的变化，夫妻制的家庭产生，加之我国古代经济是以家庭为单位的小农经济为主，家庭是缩小的社会，所以家庭所处的政治、经济环境决定了这一阶段儿童的教育主要在家庭内进行。父母则为儿童的自然教师。值得一提的是我国古代的宫廷教育。我国古代的宫廷教育实质上也是一种特殊的家庭教育，王公贵族在宫廷里接受早期教育。在宫廷教育里面出现了一些教育制度，如保傅制度，古代社会有专门辅导和教谕君主及太子的官员师、傅、保。据史料记载，早在西周以前，就曾设置有太师、太傅和太保，合称“三公”，他们的副职分别为少师、少傅和少保，合称“三少”，他们的职责是为君主和太子自幼创造一个良好的教育环境。① 除了保傅制度外，我国古代还有“备三母”制，也就是从后宫中选取合适的人充当子师、慈母和保姆，合称“三母”，她们的主要任务是对太子进行衣食住行和行为规范等方面的教育，体现保育特点。这两个制度虽然对象主要为君王或太子，但是也体现了我国古代对儿童教育的重视，而且有一定的制度意识。据《后汉书》记载，东汉邓皇后曾在宫廷开办邸第，教育对象为皇族后代，并教这些儿童诵读经书，还设置专门的教师和保姆，这是我国专门的学前教育机构的萌芽。总的来说，我国古代的儿童教育缺乏严密的学制系统，学前阶段的教育也没有被严格区分开来，多和儿童教育一起进行，并且形式主要以家庭教育为主。

2. 近现代我国学前教育的发展

鸦片战争开启了我国的近代历程，西方国家的入侵给中国人民带来了巨大的

---

① 何晓夏．简明中国学前教育史［M］．北京：北京师范大学出版社，2007：20.

苦难，也在一定程度上传播了先进的教育理念，促进了我国教育的发展。因为战争的失败以及签订的一系列不平等条约，西方资本主义国家逐渐利用一些特权来干涉中国的教育，教会教育就是学前教育领域的代表之一，他们通过创办教会来宣传西方资本主义思想。1921—1922 年中华基督教教育调查团的报告显示，基督教教会学校在“五四”运动前夕共 7382 所，其中幼稚园 139 所；根据南京一女师于 1924 年的调查，全国有幼稚园 190 所，其中教会办的有 156 所。① 可见教会教育在当时的学前教育领域占较大分量。后来随着我国一些知识分子的觉醒，加上政府的努力，颁布了一系列的法规，如《取缔外国人在国内办理教育事业案》《外人捐资设立学校请求认可办法》等对教会办学加以限制，我国逐渐收回教育主权。教会在一定程度上促进了我国近现代学前教育事业的发展，但其不是唯一因素，近代以来，我国政府和相关人士也为学前教育事业的发展贡献了力量，推动了我国学前教育事业进一步向前发展。在教育制度上，1902 年管学大臣张百熙起草了中国第一个成文的近代学制文件《钦定学堂章程》，1903 年张百熙、张之洞等人合作起草了《奏定学堂章程》(又称“癸卯学制”)，其中和学前教育相关的有《蒙养院章程》和《家庭教育法》，自此蒙养院成为国家教育体系中的一个组成部分，但是没有纳入学制系统。直到 1912 年颁布了“壬子癸丑学制”，将学前教育机构命名为蒙养园，这时学前教育才被纳入学制体系内，但是不占学制年限，并未单独成为学制系统内的一级。到了 1922 年，国民政府教育部颁布《学制改革系统案》(又称“壬戌学制”)，将学前教育机构命名为幼稚园，在学制上确立了学前教育的独立地位。1932 年国民政府教育部颁布《幼稚园课程标准》，1939 年颁布《幼稚园规程》(当时未及时实施)。在解放区，中国共产党也颁布了一系列政策来促进学前教育的发展，1934 年内务部颁布《托儿所组织条例》，陕甘宁边区政府于 1939 年颁布《陕甘宁边区抗战时期施政纲领》、1941 年颁布《陕甘宁边区政府关于保育儿童的决定》，这些政策法规进一步规范了学前教育事业的发展，促进了困难时期中国学前教育事业的发展。

与教育制度密切联系的近现代学前教育机构也在不断发展和壮大，“癸卯学制”颁布后不仅出现了官办蒙养院，还出现了私人办的蒙养院，这一时期著名的

---

① 何晓夏．简明中国学前教育史[M]．北京：北京师范大学出版社，2007：96.

学前教育机构有京师第一蒙养院、天津严氏蒙养院、上海公立幼稚舍等。“壬戌学制”颁布后一些幼儿教育实践家也纷纷为学前教育事业发展做出努力，如创办了厦门集美幼稚园、南京高等师范附属小学校幼稚园、北京香山慈幼院、南京燕子矶幼稚园、上海大同幼稚园等。① 民主根据地时期建立与发展了多种形式的保育机构，如延安第一保育院、中央托儿所、延安第二保育院，类型多样，有寄宿制保育院(托儿所)、全日制托儿所，日托变工托儿所、游击式托儿所和小学附设式幼稚班。根据有关资料显示，这一时期我国学前教育机构的数量在波折中呈现上升趋势。受历史因素影响，近现代我国学前教育起初完全照搬国外，后来在一些慈善家以及知识分子的努力下逐渐摆正思想，倡导教育结合本国实际，积累了许多学前教育方面的经验，为后来我国学前教育的发展奠定了基础。

2. 当代我国学前教育的发展

随着中华人民共和国的成立，中国的教育事业进入了新的阶段，当代我国学前教育领域经历了中华人民共和国初期的稳步发展阶段、“文革”时期的倒退阶段以及改革开放后至今的振兴阶段，其间虽有波折，但在整体上是呈上升发展趋势的。中华人民共和国成立初期，我国学前教育整体上是以借鉴老解放区和苏联的经验为主，这一阶段我国学前教育事业得到了很大的发展，但是存在偏重知识教育、忽视幼儿全面发展的缺陷。“文革”时期我国学前教育遭到全面破坏，改革开放后得以恢复和发展，并逐渐重视本土化，在各方面也日益完善，学前教育逐步发展。

在幼儿园数量方面，在中华人民共和国成立初期我国学前教育机构的数量稳步健康增长，教育部门主办的幼儿园，1953 年为 3900 所，1957 年增加到 4400 所；工矿、企业、机关等部门主办的幼儿园，1953 年为 500 所，1957 年增加到 3400 所；民办幼儿园，1953 年为 1100 所，1957 年 1100 所。② 虽然到了“大跃进”时期我国幼儿教育机构数量呈现不规律猛增现象，但是在政府的调控下逐渐恢复正常。到了“文革”时期，幼儿教育机构遭到全面破坏。改革开放后，国家教育逐渐走上正轨，学前教育机构也得以发展起来。在教育管理体制方面，1949

---

① 何晓夏．简明中国学前教育史[M]．北京：北京师范大学出版社，2007：90.

② 刘彦华．中国学前教育史[M]．北京：光明日报出版社，2010：141.

年教育部成立，并第一次在初等教育司下设立幼儿教育处，同时决定省、市教育厅、局设幼教科、组或设专人主管幼儿教育，从此，我国的幼儿教育便有了全国统一的领导管理体系。① 在这个管理体系下我国学前教育得到了发展，但是在“文革”期间遭受严重挫折，已经建立起来的管理体系被作废，学前教育的发展出现停滞甚至倒退，但是在改革开放后，我国学前教育迎来了新的春天，1978年教育部在普通教育司恢复幼儿教育处，负责对全国城乡各类幼儿园施行行政领导，为幼儿教育事业的发展提供了方针、政策和业务上的领导②。自此，我国学前教育在改革中不断前进，到现在逐渐形成了地方负责、分级管理和有关部门分工负责的幼儿教育管理体制。在政策文本方面，1951 年教育部颁布了《幼儿园暂行规程(草案)》，对幼儿园的任务、目标、学制、设置、领导、教养原则、教养活动项目、组织会议制度、经费、设备等做出了规定，这是中国颁布最早的幼儿教育的法规文件。1956 年内务部、教育部、卫生部颁发了《关于托儿所、幼儿园几个问题的联合通知》，对托儿所、幼儿园的培养方针、领导等问题做出规定，这些政策文本为促进学前教育的发展指明方向。改革开放后国家颁布了一系列政策文本，这些政策文本包含的内容呈现越来越细化的趋势，涉及安全教育细则、管理细则、教师园长规范、校车安全、学前教育活动月、教师专业化发展、国家培训计划等相关规定，旨在促进学前教育的发展。

第二节 学前教育学的产生与发展

一、学前教育学的概述

学前教育学是教育学的一个重要分支，是研究学前教育活动中所存在的规律或原理的一门科学。在学前教育学的产生和发展过程中，脑科学、教育学、生理学、心理学以及教育史等学科的发展，为其提供了学科背景，脑科学的研究证实了大脑发育在早期是最具有活力的，儿童所处的早期环境会大大影响大脑的发

① 何晓夏．简明中国学前教育史[M]．北京：北京师范大学出版社，2007：246.

② 刘彦华．中国学前教育史[M]．北京：光明日报出版社，2010：147.

展，并且会影响此后的行为、学习、健康和记忆力，使得人们逐渐重视对早期儿童的研究①；教育学为学前教育学的发展提供了教育的基本规律；教育史为学前教育学的发展提供了研究历史背景和基本方向，这些都是构成学前教育学产生和发展的重要基础。作为一门学科，学前教育学的研究对象是学前教育，其研究内容包括与学前教育有关的许多方面的内容，主要集中在三大类：对于儿童自身的研究、对儿童与周围环境的研究以及对儿童与周围人员的研究。学前教育学担负着重要的社会任务。

二、学前教育学的作用

（一）理论意义

学前教育学的主要任务是探讨学前教育领域的规律或原理，对学前教育的理论研究做出重要贡献。例如，探讨学前儿童的生理和心理是否存在一般的发展规律，这些规律又是怎样的，怎样利用这些规律来对学前儿童进行科学的教育，影响学前儿童发展的因素有哪些，能否通过改善外部环境来促进儿童的发展。同时，学前教育学作为教育学的一个重要分支，其研究对教育学的理论发展起着重要作用。首先，学前教育学的研究是教育学理论发展的基础，学前教育学的发展促进教育学的发展，是教育学不断完善的表现；其次，在研究方法上，学前教育学的研究也可以为教育学提供一些借鉴，使得教育学的研究更加科学、有效；再次，学前教育学总结了我国学前教育的经验，不同的国家有不同的国情，我国的学前教育学是建立在中国特色社会主义的大背景之下的，有其独特性；最后，学前教育学引进国外先进的学前教育理念，在借鉴、吸收国外一些先进思想的基础上进一步发展我国的学前教育。

（二）实践意义

学前教育学的实践意义是为学前儿童的教育教学提供系统的理论知识和科学研究成果。学前教育学旨在促进学前儿童的成长与发展，通过各种研究方法，在

---

① 钱雨．学前教育学[M]．上海：上海交通大学出版社，2018：17.

总结相关经验的基础上提出教育教学方法的指导。例如，幼儿园教师如何有效观察幼儿的活动表现，需要做哪些相关的准备，要以什么样的态度对待幼儿，针对幼儿的行为需要有哪些反馈，等等。此外，发展学前教育学还可以为国家相关政策的制定提供相应的理论支撑，如入学年龄、教育内容以及教育方法等。在经济方面，学前教育也是有利的促进因素，《民办教育促进法》修改之后允许民间资本进入学前领域在一定程度上增强了学前教育的经济作用。总而言之，学前教育学的发展不仅为幼儿园、托儿所等机构提供了科学培养儿童的指南，从而为促进我国幼儿的发展提供科学依据，并且从客观上讲还在政治、经济等方面发挥着重要作用。

三、学前教育的研究方法

教育研究不仅具有理论功能，还具有指导实践的功能，所以进行学前教育研究能够指导学前教育事业的不断发展。在研究的基本原则和方法上，学前教育学与教育学基本一致，但是由于学前教育学的研究对象为学前儿童，具有一定的特殊性，所以在具体的研究方法上表现出自身的特点。随着教育学的发展，研究方法也在不断发展，近年来，研究者们从单方面关注质性研究或量化研究逐渐转变为将质性研究和量化研究相结合。

(一)质性研究和量化研究

教育的研究可以按照不同的角度进行分类，质性研究和量化研究的分类依据是研究的对象是“质”还是“量”。

质性研究又称为“质的研究”，是指研究者参与到自然情境之中，采用观察、访谈、实物分析等多种方法收集资料，对社会现象进行整体性探究，采用归纳而非演绎的思路来分析资料和形成理论。质性研究强调从被研究者的角度来真实地反映他们的做法、看法和体验，强调事件的整体性和情境性，强调随着资料的积累动态地调整研究问题和收集资料的方法。①

量化研究又称为“定量研究”“量的研究”，它注重对事物可以量化的特点进

① 陈琦，刘儒德．当代教育心理学[M]．北京：北京师范大学出版社，2007：13.

行分析，从而检验研究者的理论假设。量化研究具有一套完整研究步骤，研究者首先提出问题假设，确定研究变量和研究常量，然后通过相关技术选择样本和收集数据，通过对数据的统计分析来检验变量关系。如今的大数据以及科学技术的发展使得数据的整理分析更为容易和准确，在很大程度上促进了研究的精确性和科学性。

(二)几种基本的研究方法

目前主要的学前教育研究方法有六种：观察法、访谈法、问卷法、文献法、个案研究法和实验法。

1. 观察法

观察法是指人们有目的地借助感官或仪器设备，对自然状态下的客观事物进行系统感知，获得经验事实的一种研究方法。观察法的优点是具有直接性、自然性、广泛性、真实性，缺点是受时间限制、受对象限制、受观察者本身限制、不能观察内心、无法大规模观察。其主要类型有：非正式观察法和正式观察法，参与观察和非参与观察，结构观察和无结构观察，直接观察和间接观察，叙述观察、取样观察、评定观察。基本过程可分为六大步骤：第一步，制定观察提纲；第二步，准备记录工具；第三步，联系观察对象；第四步，进行现场观察活动；第五步，整理观察记录；第六步，整理分析信息资料。

2. 访谈法

访谈法是指通过与研究对象进行交谈，深入了解学前教育活动的基本情况的一种研究方法。访谈法的基本过程分为三部分：访谈前、正式访谈时和访谈后。访谈前：制订访谈计划、编制访谈问卷或提纲、选择访谈对象、培训访谈员、试探与修改问卷、访谈预约；正式访谈时：说明、询问、记录、结束、致谢；访谈后：对收集到的资料信息进行整理和分析。其主要类型有：个别访谈、团体访谈，面对面访谈、电话访谈、网络访谈，横向访谈、纵向访谈，标准化访谈、非标准化访谈、半标准化访谈等。访谈法的优点是具有可靠性、丰富性、个体性、广泛性，缺点是需专门技巧、费时费力、结果难处理、易受主观影响。

3. 问卷法

问卷法是指按照一定目的，通过由一系列问题构成的调查表收集资料，以测量人的行为和态度的一种研究方法。其主要类型有结构问卷和无结构问卷。基本过程可分为四步：第一步，选择被试；第二步，分发问卷；第三步，回收问卷；第四步，结果处理与分析。问卷法的优点是具有匿名性、一致性、定量性、节约性。缺点是灵活性不强、指导性较低、深入性不够。

4. 文献法

文献法是指通过收集和分析研究各种现存的有关文献资料，从中选取信息，以达到某种调查研究目的的一种研究方法。文献的基本类型有个人文献、官方文献、大众传播媒介等。基本过程可分为三步：第一步，文献收集；第二步，摘录信息；第三步，文献分析。可以通过图书目录、期刊目录、索引、文摘、网络等方式查找文献。文献法的优点是能抗干扰，有显趋向性、显可比性，缺点是质量难以保证、资料难以获得、资料难以编录和分析。

5. 个案研究法

个案研究法是指选定某个典型的个人，或突出的事件，或有代表性的团体教育机构作为研究对象，以其变化发展的过程为研究内容，收集一切相关资料，分析特殊状况产生的原因，揭示发展变化的规律，提出相关对策建议的一种研究方法。基本过程可分为四步：第一步，认识对象，确立个案；第二步，收集个案资料；第三步，分析整理资料；第四步，追踪研究。个案研究法的优点是研究对象单一、研究目的针对性强、系统深入，缺点是样本小、主观性强、费时费力。

6. 实验法

实验法是指研究者从某种理论或假设出发，为突出研究的试验因子(自变量)，有意地控制某些条件，促使一定现象的产生，然后从对其结果的分析中得出相应的科学结论的一种研究方法。其基本类型有实验室实验与自然实验、真实验与准实验、单因子实验与多因子实验。要注意实验设计三要素：有效地控制无关变量、成功地操纵自变量、科学地观察因变量。

四、学前教育学的产生与发展

学前教育学发展至今已经经历了三个阶段：原始社会至 19 世纪中后期的萌芽时期，19 世纪中后期到 20 世纪中叶的建立与发展时期，20 世纪中叶以来的发展新阶段。

（一）萌芽时期

人类关于怎样养育儿童的思想从原始社会就已经开始积累了，人们从生活中意识到一些养育儿童的方法并总结了出来，并产生了一些关于养育儿童方面的谚语。后来随着实践的不断丰富，关于学前教育的思想逐渐被一些教育家以及思想家所关注。在萌芽阶段，学前教育思想的一个重要特点就是不成体系，主要是一些经验的总结，思想散见于一些著作当中，没有对学前教育进行系统的论述。

关于学前教育思想方面的经验，最初散见于谚语中，如“3岁看大，7岁看老”“教子婴孩，教妇初来”等体现了对儿童早期教育的认识。在我国古代就有了较为系统的根据儿童的年龄段来进行不同教育的规定，如《礼记·内则》一文中说道：“子能食食，教以右手。能言，男唯女俞。男鞶革，女鞶丝。六年，教之数与方名。七年，男女不同席，不共食。”（婴儿有能力自己吃饭的时候，教其用右手进食。在婴儿开始学说话时，教其答应大人的招呼，并分出男女有别。六岁的时候教其数数和识别方位。七岁的时候男孩和女孩不坐在一起）从这里可以看出在那个时期对儿童的教育已经比较细致了。

在萌芽阶段，不仅是这些经验的总结推动着学前教育思想的发展，一些杰出的教育家和思想家也为此做出了重要贡献。最为著名的有中国西汉的贾谊、魏晋南北朝的颜之推、南宋的朱熹、明朝的王守仁。贾谊是西汉初期著名的政论家、文学家，其关于学前教育方面的思想主要集中在其著作《新书》当中，他提出要“早谕教、选左右、重儒术”。在贾谊看来，对儿童的教育要及早开始，王室之家对太子的早期教育更是应从胎教开始，并要求设立专门的教育场所——“蒌室”，对于儿童的同伴要慎重选择，以此来保证早期教育的成功。他提倡的教育内容有很深的儒家烙印，主张注重《春秋》《礼》《诗》《乐》等儒家经典的传授。颜之推是北齐的文学家，其著作《颜氏家训》是我国古代第一部系统完整的家庭教育教科书，其主要观点有“及早施教、严慈结合、均爱无偏、风化陶然、博习致用”。在颜之推看来，要对儿童进行早期教育，并且要把握好严格和慈爱的度，有多个孩子的家庭要做到不偏不倚，注重环境对儿童的深刻影响。朱熹是南宋的教育家和思想家，其关于儿童教育的思想主要为“蒙养教育是基础教育，慎择师友，从眼前事养成行为习惯，以正面教育为主”。在他看来，儿童要注重行为习惯的培养，在教育方法上主张以正面鼓励为主，保护儿童的积极性。王守仁是明朝的哲学家和教育家，其关于儿童教育的思想主要为“顺道性情，鼓舞兴趣；循序渐进，量力而施；因材施教，各因其材；全面诱导，不执一偏”。在他看来，对儿童的教育不能千篇一律，要尊重主体差异性，同时也要注重教育的全面性。

在这一阶段，国外也出现了许多关注学前教育的思想家和教育家，其中最为著名的有柏拉图、亚里士多德、夸美纽斯以及卢梭等。柏拉图在儿童教育方面的思想和朱熹有异曲同工之妙，柏拉图认为对学前儿童的教育要及早进行，并且注重对周围仆人的选择，在教育内容上主张以游戏、故事、音乐和舞蹈等为主要内容，注重对儿童品德的培养。亚里士多德被称为“古代最伟大的思想家”，他不仅提出了优生优育的思想，还提出了按年龄对儿童进行不同的教育的思想，在亚里士多德的年龄分段中，学前年龄段的儿童应该锻炼强健的体格以及坚韧不拔的毅力，教育内容也应以游戏和故事为主。夸美纽斯是捷克伟大的教育家，其著作《世界图解》是历史上第一本依靠直观原则为儿童编写的教材，也是世界上第一本图画书。而他的《大教学论》更是近代最早的教育学著作，在该著作中夸美纽斯分两章提及了学前教育，其中对母育学校的描绘体现了其学前教育思想，他认为要从体育、德育和智育三个方面来对儿童进行教育，注重儿童的全面发展。从中可以看出，人们越来越认识到学前教育对人的一生发展所起到的重要作用，并在教学方法上逐渐从儿童自身出发思考有效途径，到了夸美纽斯阶段，学前教育思想已经初具雏形。

（二）建立与发展时期

在19世纪中后期之前关于学前教育的研究基本上都是包含在教育学的大范畴之中，与普通教育学一起系统地论述，作为首部内含专章论述学前教育学的著述《大教学论》也是以论述普通教育学为主。直到19世纪中后期，学前教育学开始从普通教育学中分化出来，建立起独立的范畴与体系，成为一门独立的科学。在这个转型阶段起到关键作用的人物就是福禄贝尔，学前教育学是从他开始创立的，此后在许多学者和专家的推动下，学前教育学朝着科学化、理论化方向发展。这一阶段出现了许多学前教育的经典理论，如福禄贝尔的学前教育理论、蒙台梭利的学前教育理论以及我国陈鹤琴的学前教育理论等。综合来说，这一时期人们对学前教育的认识主要有以下特点：

1. 尊重儿童的个体性

尊重儿童的个体性其实在萌芽时期就已存在，我国古代一些教育家的思想中就已经存在着这种思想，卢梭的自然主义教育理论最为典型。到了19世纪中后期，随着教育学和心理学等学科的发展，人们对儿童个体发展的认识越来越科学化，尊重儿童的主体性被更多人所接受。尊重儿童的个体性意味着不再像中世纪期间把儿童当做小大人来对待，而是尊重儿童的自然本性，在教育内容上关注儿童感兴趣的而不是大人感兴趣的，并且内容应契合儿童的发展需要，在教育方法上开始主张直观教学，重视儿童主动参加活动以帮助儿童获得直观经验。

2. 重视游戏和玩教具的作用

游戏是促进儿童发展的重要因素之一，在萌芽时期就有对学前儿童游戏的关注，后来人们对儿童游戏的研究增多。人们把游戏作为学前儿童活动的主要方式，以游戏的活动方式来促进儿童的身心发展。在玩教具方面表现为玩教具的开发，典型的有福禄贝尔根据自己的教育思想设立的一套玩教具，他称之为"恩物"；蒙台梭利也开发出了以毛线球开头的，以循序渐进原则来训练儿童感官的一系列玩教具。玩教具的开发不仅体现了与儿童发展的相关学科的发展，更体现了人们对于儿童的关爱。

3. 学前教育学的研究逐渐细化

在研究的范围上，无论是在我国古代还是在外国，学前教育学从萌芽时期开始就以家庭教育为关注重点。萌芽时期的代表人物柏拉图是最早主张实行学前公共教育的教育家，但是受限于社会，关于幼儿的专门机构较少，虽有欧文的"幼儿学校"等机构的出现，但是真正意义上的第一所幼儿园是在公共教育体系逐渐发展的背景下由福禄贝尔创立的，此后学前教育研究设计的领域不仅有家庭的，还有教育机构的。在研究的内容上，之前对于儿童发展的各方面虽涉及较广，但是没有真正细化，在这个阶段随着心理学、生理学等方面的发展，对学前儿童的研究也逐渐细化，涌现了一大批具体领域的专家和学者。例如蒙台梭利提出的儿童发展的"敏感期"就是心理学上的重大发现，美国的霍尔、杜威等人也为学前儿童教育方面提供了宝贵的建议。

(三)发展新阶段

20世纪中叶以来学前教育学迎来了发展的新阶段，在这一时期随着一些相邻学科的发展，人们对学前教育也有了更加深入的认识，学前教育理论也逐渐丰富和发展。在哲学基础上，科学的世界观决定方法论，自从辩证主义出现后，学前教育学的发展就有了科学的方法论基础，学前教育的研究摒弃了之前的神学等不合理的观念，人们意识到物质决定意识，教育不是独立存在的，而是和社会经济文化等各个方面息息相关的，这就为厘清学前教育的目的、任务等奠定了哲学基础。加之科技的发展为许多研究提供了技术支持，相邻学科的发展也为学前教育学的发展提供了科学的知识支撑以及研究方法的借鉴。

在理论方面，学前教育学的研究逐渐细化，以游戏方面的理论为例，关于游戏的理论就出现了多种看法。美国心理学家霍尔提出复演论，该理论认为，游戏实际上是对祖先生活的回忆，儿童通过游戏重演了人类的发展阶段，并把儿童游戏分为五个阶段：动物阶段、原始阶段、游牧阶段、农业阶段和部落阶段，每个阶段对应着不同的游戏方式。德国心理学家斯宾塞主张的精力过剩论认为，儿童游戏是因为人的体内存在着大量的过剩精力，通过游戏可以使得这些精力得到释放，从而维持人体机能的正常运转。德国诗人扎鲁思提出的松弛论则和斯宾塞的精力剩余论相反，该理论认为游戏是为了让人脑得到休息，所以必须给儿童安排必要的游戏时间。哲学家格罗斯则提出了练习论，认为游戏在一定程度上发挥着锻炼人的能力的作用，人通过游戏能够使自己获得生活必需技能，增强自己适应未来生存发展的能力。

同时，由于教育与文化传统、经济等因素息息相关，各个国家也纷纷出现了带有地方特色的学前教育研究，学前教育学在融合中呈现出多样化发展的趋势，如美国的高瞻课程、我国的安吉游戏等。这些理念的提出都是在结合本国国情的基础上对学前教育研究的发展，不仅符合不同地域的学前儿童身心健康发展的规律，更为学前教育研究提供了典范，为其他国家提供了学习借鉴的榜样——学前教育学正是在相互借鉴和创新中不断发展。

【延伸阅读】

我国 2014—2017 年关于学前教育的相关数据

2014 年全国共有幼儿园 20.99 万所，入园幼儿 1987.78 万人，幼儿毛入园率 70.50%。教职工总数达 208.03 万人，其中专任教师 184.41 万人，代课教师 16.6 万人，兼任教师 2.23 万人。

2015 年全国共有幼儿园 22.37 万所，入园幼儿 2008.85 万人，幼儿毛入园率 75%。教职工总数达 230.31 万人，其中专任教师 205.10 万人，代课教师 15.99 万人，兼任教师 2.48 万人。

2016 年全国共有幼儿园 23.98 万所，入园幼儿 1922.09 万人，幼儿毛入园率 77.4%。教职工总数达 249.88 万人，其中专任教师 223.21 万人，代课教师 17.32 万人，兼任教师 3.93 万人。

2017 年全国共有幼儿园 25.5 万所，入园幼儿 1937.95 万人，幼儿毛入园率 79.6%。教职工总数达 419.29 万人，其中专任教师 243.21 万人，代课教师 17.34 万人，兼任教师 4.18 万人。①。

【思考题】

1. 试讲述学前教育学的研究对象。
2. 试论述学前教育发展的影响因素。

【参考文献】

[1]肖全民．学前教育原理[M]．北京：北京师范大学出版社，2017.
[2]刘晓东，卢乐珍．学前教育学[M]．南京：江苏凤凰教育出版社，2017.
[3]蔡迎旗．学前教育原理[M]．武汉：华中师范大学出版社，2017.
[4]郭法奇．外国学前教育史[M]．北京：北京大学出版社，2015.
[5]钱雨．学前教育学[M]．上海：上海交通大学出版社，2018.

① 唐淑，张永英，杨一帆，等．中华人民共和国学前教育 2009—2019 年大事记[J]．学前教育研究，2019(10)：3-15.

[6]何晓夏．简明中国学前教育史[M]．北京：北京师范大学出版社，2007.
[7]刘彦华．中国学前教育史[M]．北京：光明日报出版社，2010.
[8]周采．中外学前教育史[M]．北京：高等教育出版社，2011.
[9]陈琦，刘儒德．当代教育心理学[M]．北京：北京师范大学出版社，2007.
[10]黄人颂．学前教育学[M]．北京：人民教育出版社，2015.

第二章　幼儿园教师与教师文化

导读

幼儿园教师是幼儿在园期间最信赖的对象，是幼儿行为的示范者和榜样，他们在各个方面都对幼儿产生着深刻的影响，而幼儿园教师的素质也是影响学前教育质量的决定性因素之一。近年来随着学前教育的发展，人们越来越关注幼儿园教师的成长，颁布了一系列促进幼儿园教师成长的政策法规，幼儿园教师的专业能力得到一定程度的提升，其职业地位逐渐被人们认可，幼儿园教师文化的影响日益深远。但是，幼儿园教师的"虐童"事件还是会不时被报道，这不仅对幼儿造成伤害，也损害了幼儿园教师的社会声誉。为了减少此类事件的发生，我们需要对幼儿园教师有更加深入的理解，更全面地帮助他们成长，从而提高学前教育质量。

幼儿园教师需要具备良好的专业能力，以履行好工作中的各种职责。幼儿园教师专业发展和幼儿园教师文化是相互影响的。为了更加深入了解幼儿园教师，我们需要理解幼儿园教师这个职业的特点，清楚幼儿园教师的专业发展道路，进而提升幼儿园教师队伍的专业水平，同时应关注幼儿园教师的生存现状和文化发展，为营造良好的幼儿园教师文化提供思路，促进幼儿园教师素质的提升。

第一节 幼儿园教师的职业角色

一、教师的职业角色

教师，又称为教育者，是教育活动的三大要素之一，自教育开始时就存在，在教育中发挥着举足轻重的作用，所谓“师者，传道授业解惑也”。教师自古以来都在人们心中有着非常重要的作用。而作为一种职业，教师产生则是在教育机构产生和发展之后，有了专门从事教育工作的人，人们尊称其为教师。作为一种职业，教师的称号从产生、定位到发展，经历了比较长的时间，是一定社会历史条件赋予了教师群体的特定内涵与功能。① 根据《教师法》规定，教师是履行教育教学职责的专业人员，承担教书育人、培养社会主义事业建设者和接班人、提高民族素质的使命。所以幼儿园教师是指在幼教机构履行教育教学职责的专业人员，处于基础教育的开端阶段，承担着重要责任。这个定义从三个方面对幼儿园教师进行了界定：首先，幼儿园教师是专业人员，具备专业的知识；其次，幼儿园教师是履行教育教学职责的人，这和社会上其他职业有着本质的区别；最后，幼儿园教师是在幼教机构对幼儿实施教育的人，这对幼儿园教师的工作范围进行了限定，如家长虽对幼儿进行教育，但不是幼儿园教师。而教师作为角色身份出现源于美国社会心理学家乔治·米德。他首先将其引入社会心理学，并创立了角色理论。所谓教师角色，是指处在教育系统中的教师所表现出来的，由其特殊地位决定的，符合社会对教师期望的行为模式。② 所以幼儿园教师的职业角色体现了当下社会对幼儿园教师职责和能力的期望。教育活动所涉及的方面很多，加之教育环境以及教育对象等因素的不同，幼儿园教师的职业角色具有多样性。

(一)幼儿园教师是幼儿的生活照料者

保教结合是幼儿园教育的基本特征之一，《幼儿园工作规程》中指出：“幼儿

① 戴跃侬．和谐：教师人格的德育意蕴[J]．教师教育研究，2008(04)：25-28.

② 刘银花，刘胜花．教师职业角色的反思与再认识[J]．职业时空，2005(20)：24-26.

园实行保育与教育相结合的原则。”《幼儿园教育指导纲要(试行)》中也指出：“幼儿园必须把保护幼儿的生命和促进幼儿的健康放在工作的首位。”从中可以看出，保育是幼儿园工作的首要工作之一，而教师就承担着对幼儿的保育工作，充当幼儿的生活照料者。因为幼儿年龄还比较小，处于发展的开始阶段，在生理和心理上都不成熟，往往表现出好奇心较重、情绪冲动以及敏感等特点，没有足够的能力预判事情的结果，自我保护能力弱，在活动的过程中容易对自己或其他幼儿造成伤害，这就需要幼儿园教师很好地扮演照料者的角色，对幼儿的各方面进行照料。作为幼儿的生活照料者，幼儿园教师首先要做的就是保护幼儿的身体健康，避免幼儿进行危险的行为，将幼儿的生命安全放在第一位；同时要及时照顾幼儿的情绪和情感，因为幼儿的心理变化会很明显地表现为外显行为，所以照顾幼儿的情绪情感是在心理上保证幼儿健康的重要措施，只有达到了生理和心理两方面都健康的状态，幼儿的健康才能得到保证，而幼儿园教师才算扮演好了幼儿的生活照料者的角色。

(二)幼儿园教师是不同相关群体之间的沟通者

幼儿的成长与发展离不开与外界的相互影响和作用，一个全面和谐发展的幼儿必定在各个方面都受到了良好的教育，除了幼儿家长之外，幼儿园教师是与幼儿联系最紧密的人，所以幼儿园教师在与幼儿相关的各个方面扮演着沟通者的角色。一是在家长方面，首先，家长对幼儿的教育需要基于正确的、科学的教育观念下进行，但是并非所有的家长对幼儿的教育观念都是正确的，这就需要幼儿园教师作为沟通者，向幼儿家长传递正确的教育观念；其次，幼儿家长对幼儿的教育建立在对幼儿的情况进行全面了解的基础之上，作为沟通者的幼儿园教师可以向家长及时反馈幼儿在园的行为表现，为家长对幼儿的教育提供信息，奠定基础；最后，作为沟通者的幼儿园教师也是传达教育信息的重要桥梁，在家园共育方面促进家长群体和幼儿园保持良好的沟通，制订合理的方案来更好地促进幼儿的发展。二是在幼儿的交往方面，幼儿园教师同样扮演着沟通者的角色，除了幼儿园教师自身与幼儿交往之外，幼儿之间的同伴交往往往需要幼儿园教师作为沟通者才能够顺利进行，幼儿园教师在促进幼儿交往方面发挥着重要作用。同时，在幼儿园中，幼儿与外界的接触基本上都是通过幼儿园教师的合理组织和设计来进行。所以，幼儿园教师扮演着重要的沟通者的角色。

(三)幼儿园教师是班级的管理者

维持一定的教学秩序是进行教学的前提①，而维持秩序需要通过管理来实现。班级管理是一个动态的过程，它是教师根据一定的教育目的和要求，采用一定的手段措施，带领全班学生，对班级中的各种资源进行计划、组织、协调，以实现教育教学目标的组织活动过程。在幼儿园中，对幼儿园班级进行管理是幼儿园教师的主要职责之一。作为管理者，幼儿园教师首先要做的就是对幼儿在园的主要活动进行管理，诸如游戏活动、生活活动以及教学活动，以保证各项活动顺利、高效地开展。其次，幼儿园教师需要对幼儿活动的环境进行管理，包括室内环境和室外环境，在了解幼儿的兴趣和爱好的基础上，通过奇思妙想，布置适合或有助于促进幼儿发展的环境。最后，幼儿园教师还需要对班级内的玩教具进行管理。玩教具是幼儿活动的不可或缺的物品，对玩教具的管理影响着幼儿活动的质量，所以，对玩教具的收集、分配、保存和保养是重要内容。只有在各个方面的管理都做到位，才能为幼儿的发展营造良好的氛围，幼儿的各项活动才能顺利开展，所以幼儿园教师承担着班级的管理者的重要角色。

(四)幼儿园教师是幼儿的倾听者和观察者

幼儿园中的幼儿处于发展的开始阶段，对于幼儿的身心发展状况不能够通过简单的测试来进行判定，而是需要幼儿园教师在熟悉幼儿的基础之上，对幼儿的行为表现进行细致的观察，才能够了解幼儿的发展状况，并根据不同幼儿的发展状况进行有针对性的干预，所以教师在此充当着倾听者和观察者的角色。为了更好地了解幼儿的内心想法，在充当倾听者角色的时候，幼儿园教师要做的就是在倾听过程中对幼儿充满耐心，因为该阶段的幼儿的语言处于发展阶段，表达不清楚是情有可原的，作为倾听者的幼儿园教师需要拥有极大的耐心，并给予幼儿足够的时间去表达自己的想法。这样才能清楚地了解幼儿的真实想法，还能促进幼儿的语言发展。在充当观察者的角色的时候，幼儿园教师要做好两点：第一，要

---

① 陈琦，刘儒德．当代教育心理学[M]．北京：北京师范大学出版社，2007：78.

做好观察的准备工作，幼儿园教师在进行观察之前需要明确对幼儿进行观察所应持有的态度，同时还需要清楚地了解和使用通用的观察方法，如时间取样、事件取样、检核表、影音记录等方法；第二，要进行认真细致的观察并做好相应的记录。

（五）幼儿园教师是幼儿活动的支持者和引导者

在传统观念中，教师处于主导地位，有着绝对的权力和地位，但随着时代的发展，人们逐渐意识到学生个体的主体意识的重要性，主张教师和学生拥有平等的地位。在幼儿园教学活动中，幼儿园教师扮演着支持者和引导者的角色。幼儿园教师在物质上为幼儿提供支持。为了相关活动的顺利开展，幼儿园教师会开动脑筋，充分挖掘各种材料的用途，为幼儿提供活动所需的材料，这就是为什么我们在幼儿园会经常看到一些创意性作品出现的原因。幼儿园教师在精神上为幼儿提供支持。在幼儿活动中，幼儿园教师为幼儿提供动力支持，当幼儿在活动中遇到困难时，幼儿园教师为幼儿提供强大的心理支撑，鼓励幼儿继续前进。幼儿园教师是活动中的引导者。幼儿园教师引导着各项活动的进行，在活动中发挥着协调作用。他们同时也在引导着不同幼儿的个性化发展。由于天生的气质以及生活环境等因素的影响，幼儿的发展存在个体差异性，表现出不同的学习风格和思考问题的方式，幼儿园教师需要充分了解每个幼儿的特点，引导幼儿以自己擅长的方式探索世界，从而获得个性化发展。幼儿园教师只有充分扮演好支持者和引导者的角色，才能吸引幼儿有效地参与到活动中，享受活动的乐趣，得到真正的发展。

（六）幼儿园教师是教学活动的设计者

由于当前在幼儿园方面没有国家统一的课程标准和教材，所以幼儿园在教学活动上具有较大的自主性，这就促使幼儿园教师在幼儿园的教学活动中充当着设计者的角色。幼儿园教师可以把促进幼儿发展当做基本准则，结合实际情况设计出既有特色、又科学的教学活动。在教育目标上，幼儿园教师需要以《3—6 岁儿童学习与发展指南》为基本依据，在充分了解本班幼儿发展基本情况的前提下，通过合理设计，在教学活动中融入科学的教育目标，以促进幼儿身心健康发展。

在教学内容的安排上，幼儿园教师首先需要收集与幼儿发展相关的各方面资源，包括家庭教育资源、社区资源以及信息技术资源等，然后对这些收集到的资源进行加工整理，设计幼儿活动的内容。在教学时间的设计上，幼儿园教师需要考虑活动进行的时间跨度多长才能够使幼儿在整体上集中注意力，在什么时间段安排什么样的活动(如动态为主的活动或静态为主的活动)，能够达到较好效果，等等。在教学活动的开展方式上，幼儿园教师需要精心设计，以幼儿感兴趣的形式进行教学活动，增强教学活动的多样性和趣味性，这样幼儿才能全身心投入教学活动中，促进幼儿发展的宗旨才能实现，而整个教学活动也是幼儿园教师的创造性活动。

(七)幼儿园教师是终身学习者

我们处在一个科学技术飞速发展的时代，整个社会在瞬息万变，为了适应社会的发展，人们提出了终身学习、终身教育、学习型社会等观念。所以，作为基础教育开端部分的教育者，幼儿园教师也必将扮演好一个终身学习者的角色。由于获取知识和信息的渠道增多，人们的知识面也在快速扩大，幼儿也不例外。通过逐渐增多的媒介，幼儿接触到很多新鲜事物，而幼儿园教师能教育好幼儿的前提就是了解幼儿，所以幼儿园教师需要不断学习，扩充自己的知识面，为自己了解幼儿奠定基础。同时，幼儿园教师在幼儿中起着非常重要的榜样和示范作用，教师的终身学习者的角色会影响幼儿对待学习的态度和行为，让幼儿逐渐明白终身学习不仅仅是一种态度，更是一种需要被培养的能力，只有终身学习才能够满足自身发展的需要，满足适应社会的需要。作为一个合格的终身学习者，幼儿园教师不仅要认识到学习的终身性，即无时无刻都要学习，“活到老，学到老”，还要以儿童发展需要和社会发展现状为基本依据进行学习，扩大自己的学习范围，拓宽自己的认知视野，从而为了自己更好地胜任幼儿园教师这个职业奠定基础。

二、幼儿园教师的劳动特点

一个职业所具备的特点往往表现为从事该职业的劳动特点，人们对某种职业劳动价值的判断在很大程度上取决于对该职业劳动特点的全面认识。同样，教师劳动价值的判断在很大程度上受到人们对教师劳动特点认识的影响①，也就是教师作为一门职业所具有的自身独特性。人们通常会由教师的劳动特点联想到教师工作的复杂性、示范性以及艰苦性等，而因为教育对象和教育环境等的影响，幼儿园教师这个职业既拥有普遍意义上的教师职业所具有的一些劳动特点，又具有其他阶段教师所不具备的一些劳动特点，具有一定的特殊性。

（一）劳动任务的繁琐性

和中小学以及高等学校的教师相比，幼儿园教师的劳动呈现出繁琐性的特点。首先，对于幼儿的教育需要涉及基本的健康、语言、科学、社会和艺术五大领域，虽然不要求幼儿园教师将深奥的知识点传达给幼儿，但是因为范围广而存在一定难度。而幼儿园教师每天所面临的对象是生理和心理的发展都处于未成熟阶段的幼儿，幼儿可能随时产生冲动的情绪或者过激的行为，导致一些不可控行为的发生，加大了幼儿园教师的劳动难度，需要幼儿园教师细致观察，全面了解，照顾每个幼儿的情感和行为。其次，我国规定幼儿园要遵循保教结合的基本原则，幼儿园教师不仅要承担幼儿的学习任务，还要承担幼儿的保育任务。因为年龄原因，对幼儿进行教学活动时就存在一定的难度，而保育工作所包含的内容也十分繁多，如幼儿的饮食、睡眠以及盥洗等，这都需要幼儿园教师全方位照顾。最后，幼儿在幼儿园的时间比较长，对幼儿的保教工作基本涉及了正常的一日生活的方方面面，幼儿园教师需要非常细致、有条理地安排好一日活动，所以，幼儿在园时间在一定程度上也是造成幼儿园教师的劳动呈现繁琐性特点的影响因素。

（二）劳动效果的潜伏性

因为幼儿园中没有中小学那种升学考试，平时也没有各种各样的测验，所以有些家长认为幼儿园教师劳动的主要特点就是“看孩子”。难道幼儿园教师的劳动价值仅仅就是帮忙带孩子吗？显然不是的。儿童最终成长为社会所需要的人

---

① 吴玲．论教师的劳动特点［J］．安徽师范大学学报（人文社会科学版），1999（04）：507-510.

才，至少需要十几年的周期。每一个儿童在德、智、体、美几方面的发展上也是一个长期的、反复的过程。[①] 俗话说得好，“十年树木，百年树人”，把一个人培养成社会所需要的人才需要经过时间的磨炼和积淀，前期的工作虽然可能成效不明显，但是意义重大，这就是幼儿园教师劳动效果的潜伏性的体现。在幼儿园的教育中，早期接受到的良好教育的成果可能不会立刻显现出来，但是，随着时间推移，这种教育成果最终会在个体的人生发展当中体现出积极作用。许多心理学家也提出，幼儿园时期的发展对人今后一生的发展都有着至关重要的作用，如在幼儿园期间（幼儿的“敏感期”，又称“机会之窗”）对幼儿的一些情绪情感的培养能够促进他们以后完整人格的形成。相反，忽视这个时期教育的重要性则会对幼儿造成不可逆转的影响。潜伏性不仅体现了劳动效果的实际存在，同时也代表着发展的方向，在不久的将来就会显现出来。

(三)劳动过程的灵活性

目前幼儿园教师通常是按照《幼儿园教育指导纲要（试行）》《3—6 岁儿童学习与发展指南》《幼儿园工作规程》等国家颁布的重要政策文本来组织幼儿的教育教学活动，但是这些政策文本只提供了整体教育教学目标，没有细化规定幼儿园教师组织活动的细节，加之幼儿园教育教学活动以活动为主，致使更加难以对幼儿园教师的行为加以限定，所以幼儿园教师在组织幼儿活动方面具有灵活性。第一，在时间安排上具有灵活性。幼儿在园时间通常是从早上到下午，有一个较长的时间段，而这整个时间段主要是由幼儿园教师进行支配，他们可以灵活安排多种教育教学活动。第二，在教育方式上具有灵活性。由于个性以及成长环境的不同，作用于幼儿发展的方式也就各有差异，所以幼儿园教师需要根据具体情况采用不同的教育方式，以达到最佳教育效果。同时，幼儿的一日活动具有多样性特点，需要幼儿园教师灵活地转换各个不同的活动，使幼儿保持较高的注意力和积极的情感。第三，幼儿的教育教学活动通常会涉及交流问题，如幼儿与同伴之间、师幼之间、同事之间等，需要幼儿园教师能够灵活地与各方沟通。所以幼儿园教师在整个过程中体现了劳动过程的灵活性。

---

① 黄人颂．学前教育学[M]．北京：人民教育出版社，2015：461.

【案例描述】

在幼儿园里有个简单的模仿游戏很受孩子们的欢迎，那就是教师："请你跟我这样做……"幼儿："我就跟你这样做……"可有一天，我正带着孩子们在玩这个游戏时，琳琳突然站起来说："老师，我不想像你那样做!"我一听愣住了，马上停下来问她为什么。她摇摇头说："就是不想!我想做和老师不一样的动作。"听完后，我想，如果强行拒绝琳琳，她一定不想继续玩下去了。于是我说："那好，琳琳就和老师做不一样的动作吧。"游戏开始了，琳琳做的每一个动作都和我不一样，我拍手，她就做舞姿动作；我做小山羊，她就学花猫……慢慢地好多小朋友低声说着："老师，我也不想跟你做一样的。"看到孩子们对游戏规则变化比较感兴趣，我说："好，我们把儿歌改成：'请你跟我这样做，我不跟你这样做。'每个小朋友的动作都要跟老师的不一样。"游戏重新开始，孩子们特别认真，他们创编了许多平时没有的动作。我看到这样的变化比单纯的模仿更加吸引孩子的注意力，能带动每一个孩子都参与游戏，而且使孩子的反应能力、想象力和创造力都得到发展。游戏结束后，孩子们仍然十分兴奋，都说："老师，这样真好玩!"①

【案例分析】

幼儿园教师在教育教学过程中会经常遇到这种问题，在活动或游戏过程中幼儿常会产生一些奇思妙想，与幼儿园教师预期的教学过程不符，如果处理不好就会影响幼儿参与活动的积极性，从而影响整个活动的进程，降低幼儿园教师的教育质量。所以需要教师具备一定的灵活性，对这种突发的情况能够及时调整，以达到最佳的教育效果。在这个案例中，这个幼儿园教师在听到琳琳有不同的想法之后没有立即就否定，而是赞同她的想法，这既避免了琳琳的情绪受到影响，也保证了游戏的顺利进行。而这个教师在经过观察之后灵活地改变了游戏规则，这不仅能够使幼儿更加投入地参与到游戏当中，更能够激发幼儿的创造力和想象力，从而增强开展这个游戏的价值。所以，幼儿园教师的劳动过程具有很大的灵

① https://wenku.baidu.com/view/78e3496de009581b6ad9eb29.html.

活性。

(四)劳动手段的示范性

不同于工厂车间里生产产品，劳动手段就是流水化作业，幼儿园教师面临的教育对象是各具特色的幼儿，该阶段的幼儿主要依靠模仿来进行学习，所以，幼儿园教师的劳动手段具有示范性。在活动进行的时候，某些幼儿会因为对语言指令的不敏感而不清楚活动规则，导致现场混乱无序，活动无法正常进行下去，这个时候幼儿园教师就能够起到很好的示范作用，教师通过亲自演示让幼儿轻松明白规则，促进活动高效率进行。在活动以外的时间中，幼儿园教师也能通过示范来教育幼儿，所谓“身教重于言传”，以身作则是幼儿园教师对幼儿最好也是最有效的教育方式之一。作为班级里的焦点人物，幼儿园教师的一言一行都会被幼儿细致地观察到并进行模仿，所以有时候从一个班级幼儿的整体情况就可以推测出这个班级主要教师的日常行为举止、待人处事的态度，也就是说班级里的幼儿的表现往往有这个班级里教师的影子，因此，示范性是幼儿园教师的劳动手段的鲜明特点。

第二节 幼儿园教师的专业发展

一、幼儿园教师的专业发展概述

一个职业的发展必然会经历一个专业化的过程，在这个过程中，为了发挥职业的本质作用，凸显一个职业的独特性和不可替代性，人们通过积累实践和理论上的经验，结合对社会状况的考察，通过科学的方法和手段，确立一套专业人员应达到的准入条件和基本要求，又称专业标准，而本职业的从业人员在朝着这个标准的方向提升和发展自己的过程叫做专业发展。教师专业发展就是以教师为对象的群体，通过自身的不断努力和外界的资源来提升自己，使自己达到教师专业标准的过程。尽管“教师专业发展”概念在全球范围内的提出还不到半个世纪，进入我国的研究领域也不过是近一二十年的事情，但发展至今，教师专业发展的议题不仅在理论层面上已成为显学，而且在时间层面也呈现出活跃多元的样态。① 在教师专业发展逐渐热门的背景下，我们需要从各方面对教师的专业发展进行探讨，以寻求促进教师专业发展的有效方法。而幼儿园教师作为教师这个群体中的重要部分，其专业发展不仅影响着幼儿园教师的发展，还影响着幼教事业的发展，甚至影响着整个国民教育的质量。所以，需要清楚幼儿园教师的专业发展包含着哪些方面？一个幼儿园教师会经过哪些专业发展的阶段？在当前背景下，幼儿园教师在其专业发展方面会遇到哪些棘手的问题和困难？促进幼儿园教师的专业发展有哪些有效和可行的途径？

二、幼儿园教师专业能力

(一)情感和态度

我国在 2012 年颁布了《幼儿园教师专业标准(试行)》，贯穿该文件的基本理念是：师德为先、幼儿为本、能力为重和终身教育。在该文件的主要内容上，分别从三个方面阐述了幼儿园教师的专业理念与师德，这三个方面分别是对职业的理解与认识、对幼儿的态度与行为、对幼儿保育和教育的态度与行为。《幼儿园教师专业标准(试行)》的颁布意味着幼儿园教师有了准入的标准和专业发展的方向。情感能够为人提供前进的动力，一个人的态度影响着其做事的质量，作为幼儿园教师，想要把工作做好，想要得到更好的发展，就需要拥有正确的情感和态度。在情感和态度方面，幼儿园教师首先要对本职业有正确的认识，认识到幼儿园教师这个职业的本质和在社会中起到的作用，即认识到幼儿园教师的本质是促进幼儿的全面和谐发展，认识到幼儿园教师能够为国家的教育的发展贡献自己的一份微薄之力，热爱学前教育事业，拥护国家教育方针政策。其次，要以正确的情感和态度对待幼儿，做到理解幼儿、尊重幼儿和爱护幼儿。幼儿园教师要认识到幼儿的思维主要是具体形象思维，所以幼儿的世界和成人的世界大有不同，在处理幼儿的各种问题时要以理解的态度来对待。并且，幼儿园教师要意识到幼儿是拥有主观能动性的个体，需要得到人们的尊重，需要人们以平等的姿态来对

---

① 王晓莉. 教师专业发展的内涵与历史发展[J]. 教育发展研究，2011，33(18)：38-47.

待，加之由于各方面的发展不成熟的原因，幼儿需要得到爱护，苏霍姆林斯基说过教育技巧的全部奥秘就在于如何爱护幼儿。所以，要以正确的情感态度来指导对幼儿的教育教学活动。最后，对待同事和幼儿家长也要拥有正确的情感和态度。幼儿园教师需要将同事和幼儿家长视为自己发展道路上的良师益友，以诚恳的态度对待。

(二)知识储备

知识储备是作为教师必不可少的东西，只有拥有足够的知识储备，才能够建立起科学的理论知识体系，才能够有效地进行教育教学活动。《幼儿园教师专业标准(试行)》中对幼儿园教师的专业知识做了规定，指出幼儿园教师的专业知识包括幼儿发展知识、幼儿保育和教育知识以及通识性知识。幼儿园教师的专业知识是其专业素质的重要组成部分，体现着幼儿园教师作为一种专门化职业的独特性和不可替代性，它既是每一位幼儿园教师必须具备的知识，又是其“专业理念与师德”和“专业能力”的认知基础。① 幼儿发展知识主要涉及两大内容：儿童生理学和儿童心理学。儿童生理学主要是关于儿童的一些生理发展现象和规律的知识，可以帮助幼儿园教师更好地了解幼儿的发展情况。而儿童心理学则是关于儿童心理发展状况的知识，包含的内容很丰富，有感知觉、记忆、思维以及想象等方面的知识。幼儿园教师通过增加这两方面知识的积累可以加深对幼儿的理解，有助于他们进行教育教学活动。幼儿园保育和教育方面的知识积累是幼儿园教师做好幼儿保育和教育工作的必备条件，这些保育和教育知识是幼儿园教师知识的核心部分，起着关键作用。幼儿园教师若想做好自己的教育工作，必须掌握学前教育学、学前教育心理学、学前儿童卫生学、学前儿童教育指导、学前教育评价等学前教育方面的专门知识。② 通识性知识是指除幼儿教育专业知识以外，作为幼儿园教师所要具备的普通知识，包含自然科学知识和人文社会科学知识以及艺术知识，并不要求幼儿园教师对所有知识都精通，这也是不可能实现的，但是需要他们对这些知识都有所了解，这样不仅能够丰富幼儿园教师的教育内容，也能

---

① 冯晓霞．幼儿园教师的专业知识[J]．学前教育研究，2012(10)：3-12，45.

② 黄人颂．学前教育学[M]．北京：人民教育出版社，2015：467.

增加幼儿的人文积淀，为幼儿将来的全面和谐发展奠定基础。

(三)能力技巧

知识储备是幼儿园教师专业成长所必备的，但是仅仅积累了足够的理论知识，没有将理论知识转化的能力，显然不能成为合格的幼儿园教师。幼儿园教师是一个需要将所积累的专业知识转化或融入教育教学活动中的职业，需要教师具备能力和技巧解决实践中遇到的问题，人们也称这种能力为专业能力，专业能力是幼儿园教师专业化发展在教育实践中的集中体现，它直接影响着幼儿园的保教质量和幼儿的发展。幼儿园教师的专业能力与中小学教师不同，具有全方位和综合性的特点。①《幼儿园教师专业标准(试行)》对这种能力技巧从七个方面给出了基本标准：环境的创设与利用能力、一日生活的组织与保育能力、游戏活动的支持与引导能力、教育活动的计划与实施能力、激励与评价能力、沟通与合作能力、反思与发展能力。这些能力技巧都是幼儿园教师在教育教学中所需要具备的能力，教师具备环境的创设与利用能力能够使幼儿在一个舒适安全、具有特色的环境里生活、学习，对材料的利用能够启迪幼儿的创造力和想象力；具备一日生活的组织与保育能力使得幼儿的生活作息规律有秩序，促进幼儿养成良好的生活习惯；具备游戏活动的支持与引导能力使得幼儿能够更加全神贯注地融入游戏活动中；具备教育活动的计划与实施能力使得开展活动有规划；具备激励与评价能力能够很好地对幼儿做出成长评判，为后续的教育规划提供资料；具备沟通与合作能力至关重要，与幼儿沟通合作能够促进幼儿发展以及活动高效进行，与同事沟通合作能够促进活动质量的提高和自我能力的提高，与家长沟通合作能够加强家园合作，解决相关问题；反思与发展能力则是自我成长的必备能力，能够促进自我成长、幼儿发展，促进学前教育事业发展。

三、幼儿园教师专业发展的阶段

幼儿园教师在专业发展上并不是一蹴而就的，需要逐渐地锻炼和成长，这是一个持续的、具有阶段性的过程。

---

① 刘占兰. 幼儿园教师的专业能力[J]. 学前教育研究，2012(11)：3-9.

（一）新手阶段

幼儿园教师在刚步入幼儿园的时候处于整个专业发展过程的第一个阶段——新手阶段，这一时期的幼儿园教师刚接受过一系列的职前教育，获得了幼儿园教育教学的基本知识。此时的他们对待事情表现出极大的热情，拥有满腔的理想与抱负，内心充满了能量，希望把自己学到的所有理论知识都运用到实践上，他们是幼儿教师队伍中不可忽视的、积极向上的新生力量，他们的加入给幼儿园带来了新的活力。① 并且他们的这种积极的情感态度对他们以后的发展起着很好的推动作用。但是因为职前教育中学习的以理论知识为主，而幼儿园教育教学是要面对实际的幼儿，所以处于新手阶段的幼儿园教师往往在知识转化方面存在一定的困难，即如何将自己所学的理论知识运用到实际的教育教学中去。在对待幼儿方面，由于在职前教育的时候大部分接受的是以面授为主的课程，实践经验比较缺乏，所以幼儿园教师往往在遇到幼儿不合作或者出现突发状况的时候表现得惊慌失措，不知道怎么解决。在处理上下级和同事之间的关系方面，因为之前所处的环境基本是在学校里，作为学生的角色进行学习，到了幼儿园就面临着角色转换的问题，作为幼儿园教师，需要和同事以及上下级之间处理好人际关系，所以这对于缺乏这方面经验的新手来讲具有一定的挑战性。在与家长沟通及合作方面，处于新手阶段的幼儿园教师往往不知道如何应对幼儿家长提出的种种问题。这些问题都在一定程度上增加了幼儿园教师的心理压力，同时他们还要面临刚开始独立生活的压力，所以这个阶段的幼儿园教师面临着双重挑战，他们的主要精力放在如何应对这些问题上。

（二）成熟阶段

幼儿园教师一般通过逐渐积累和总结实践经验，会过渡到专业发展的第二个阶段——成熟阶段。处于成熟阶段的幼儿园教师已经摆脱了新手阶段的紧张情绪，正确认识幼儿园教师的职业角色和劳动特点，并基本能保持比较平稳的心态去处理各种事务。处在这一时期的幼儿园教师经过了一段时间的实践和学习，已

---

① 钱雨．学前教育学[M]．上海：上海交通大学出版社，2018：76.

经熟悉了教育教学的基本规律，相较于新手阶段无法将理论知识快速转换为实践知识，成熟阶段的幼儿园教师能够在教学实践中解释学前教育的基本理论知识，同时也能够将理论知识融入教育教学过程中，做到理论和实践的联系。他们还能够针对幼儿的教育在一段时期内做一个科学的规划，使得教育教学活动具有计划性和目的性。同时也能够有效地组织幼儿的活动，对活动或游戏拥有大体的掌控能力，对于突发问题的处理也比较灵活。在人际关系上也取得了进展，能与幼儿进行良好的互动，能够与上下级和同事建立和谐融洽的人际关系，能与家长很好地沟通，在家园合作中发挥出明显的纽带作用。由于在克服紧张情绪以及处理人际关系等方面花费的时间和精力减少了，他们在该阶段的主要关注点从关注生存转移到了关注教育质量上，他们通过总结自己日常所积累的实践经验以及学习他人的经验，及时调整和改进自己的教学方式，以达到最佳教育效果。

（三）个性化阶段

在成熟阶段的基础上，经过持续不断的实践经验的积累和自己的研究及反思，幼儿园教师会进入专业发展的第三个阶段——个性化阶段。虽然处于成熟阶段的幼儿园教师已经能够在组织教育教学活动和处理生活中的问题方面得心应手，但是基本上还处于努力将理论转化为实践的层面上，他们主要关注的是将理论知识融入教育教学实践中，也可以说是处于知识检验的过程中。而处于个性化阶段的幼儿园教师则不同，他们在成熟的基础上有了进一步的成长，在教材理解、内容确定、方法选择等方面均拥有了个人较为成熟的见解。① 他们逐渐形成了自己的教育观点，并能在教育教学实践中体现出来，而且有足够的内蕴去探索更高层次的问题。② 他们具有创造精神，追求新意，更多地关心知识的内化和创新，他们不再满足于简单地重复一些教学内容，而是力求教学活动和内容的多样化，在创设教学环境时也强调要具有自己的特色。在处理具体问题时他们更多地结合了自己的个性，以自己特有的方式去解决教育教学活动中遇到的问题。③

---

① 钱雨．学前教育学[M]．上海：上海交通大学出版社，2018：76.

② 蔡迎旗．学前教育原理[M]．武汉：华中师范大学出版社，2017：101.

③ 肖全民．学前教育原理[M]．北京：北京师范大学出版社，2017：152.

四、幼儿园教师专业发展的途径

幼儿园教师的素质影响着整个幼教事业的质量，所以幼儿园教师的专业发展途径应得到更多的关注。

(一)职前教育

职前教育是指幼儿园教师在入职前所接受的关于幼儿教育教学知识的教育，职前期是专业角色的定位时期，也是职业生涯的起始时期，更是幼儿园教师获取专业知识和技能的重要阶段。① 在我国，职前培养是幼儿园教师教育发展的主要途径②，职前教育的教育对象主要是在校的学生，包括中专生、高职生和本科生以及研究生。幼儿园教师的职前培训主要是对这些准幼儿园教师进行全方位的培养，在幼儿教育的知识方面，职前培训会将专业的幼儿保育与教育知识，诸如学前心理学、学前卫生学等知识全面、系统地传授给他们，使他们在学习中逐渐构建和巩固自己的专业知识体系，获得教育教学的基本技能。在职前培训中也会对这些准幼儿园教师进行思想方面的教育，引导他们树立正确的世界观、儿童观、教育观和教师观，以积极的态度来对待自己所从事的事业，同时，职前培训还会通过见习、实习等方式让他们直接接触到幼儿教育实践，帮助他们对自己、对幼儿园教师有更清楚的认识。所以，幼儿园教师的职前培训能够使他们为将来真正从事幼教行业在知识和心理上都做好准备。

(二)同事之间的交流学习

同事是幼儿园教师在园期间除了幼儿之外接触得最多的人，所以同事之间的交流和学习是幼儿园教师成长和发展的重要途径之一。首先，因为在同所幼儿园中工作，遇到的一些问题也会比较相似，所以通过同事之间的交流可以集思广益，快速有效地找出问题的解决办法。其次，幼儿园中存在处于不同发展阶段的教师，与他们交流与学习会有不同的收获，可以更加全面地发展自己。处于新手

---

① 黄人颂．学前教育学[M]．北京：人民教育出版社，2015：477.

② 肖全民．学前教育原理[M]．北京：北京师范大学出版社，2017：153.

阶段的同事作为幼儿园的新生力量，在对待工作时会表现出极大的热情，在与他们交往时可以使自己在情感态度上受到感染；并且，他们在职前教育中接受过最新的和系统的专业知识，思维也处于活跃状态，与他们交流可以了解学科前沿发展，与时俱进地增加知识储备。在与已经工作多年的同事的交流中同样也能学习到很多，他们可以给予情感上的支持，由于他们在长时间的教育教学实践中积累了许多经验，能形成自己的解决问题的办法，所以与他们交流可以学习到有价值的意见和建议。

（三）园本培训

园本培训是指在基于本园实际发展的基础之上，为了增强本园幼儿教师的专业能力，促进教育质量的提高而进行的培训，它是近年来人们所普遍认可的幼儿园教师专业发展的重要途径之一。首先，社会在不断发展变化着，在实现"从理念到实践"的过程中，对于教师专业能力提出了"持续"发展的要求①，幼儿园教师需要不断学习才能使自己得到持续发展，而园本培训就是促进幼儿园教师发展的有效方式。其次，园本培训的对象是幼儿园内的教师，涉及的范围较小，组织起来所花费的时间和经费较少，效率较高，并且可以根据本园幼儿教师的特点进行针对性的培训，满足个人的实际需要，增强幼儿园教师的学习积极性，促进他们的个性化发展。除此之外，园本培训是建立在本园发展基础之上的，经过园本培训之后幼儿园教师能够在整体上得到发展，有助于形成自己的办园特色。

（四）对外的交流和培训

对内的有组织、系统的培训主要表现为园本培训，园本培训在幼儿园教师的专业发展中发挥着重要作用，而对外的交流和培训同样能够在很大程度上促进幼儿园教师的专业成长。不同幼儿园之间的交流合作是幼儿园教师对外学习的重要途径，通过对不同幼儿园的实地参观以及观看不同教师组织的课堂活动，幼儿园教师可以学习到更多的环境创设方面的创意，能够接触到更多的教学活动的组织方式，能够积累到更多的解决教学问题的方法，从而使自己在交流和借鉴中实现

---

① 黄人颂．学前教育学[M]．北京：人民教育出版社，2015：485.

专业成长。此外，近年来国家重视学前教育的发展，对幼儿园教师实施“国培计划”，这也是幼儿园教师对外的有计划、有组织地进行学习的方式之一。通过“国培计划”，幼儿园教师不仅能够在更大范围内接触到同行，从同行身上学习更多的知识和经验，还能够通过科学的培训更新自己的教育观念，巩固自己的专业知识体系，提升自己各方面的素质。

(五)自我学习和反思

前四种幼儿园教师专业发展途径在某种程度上都属于从外部进行发展和培训培养，而自我学习和反思则是通过自我的努力来实现自己的专业发展，而这也贯穿于幼儿园教师的整个职业生涯。其中自我学习能力，即终身学习能力，是幼儿园教师所需要具备的。现代信息网络技术发达，幼儿园教师不仅可以查阅相关的纸质书籍文章增长知识，还可以借助丰富的媒介，如通过网络公开课、微信公众号等渠道进行自我学习，开阔自己的视野，吸收更多的教育知识，从而提升自己的专业能力和专业素质。教学反思被认为是教师专业发展和自我成长的核心因素①，是自我成长的需要。幼儿园教师可以对日常教育教学活动中遇到的问题进行分析和反思，总结出原因和解决办法，并且利用处于教学实践一线的优势，结合符合实际的研究方法进行教育教学的研究，研究结果能够更好地指导教学，幼儿园教师研究能力的提高也是其专业发展的表现。

第三节 幼儿园教师文化

一、幼儿园教师文化概述

文化是属于人的东西，是人的创造物②，教师文化是指在教师这个群体中，他们在履行职责时所包含或所形成的一种文化意蕴，这种文化意蕴囊括了教师群体的态度、价值观等很多方面。幼儿园教师文化是幼儿园教师这个群体在其日常

① 陈琦，刘儒德．当代教育心理学[M]．北京：北京师范大学出版社，2007：79.

② 索长清．幼儿园教师文化研究[D]．长春：东北师范大学，2014.

教育教学实践中所逐渐形成的具有特殊性的思维、态度和行为方式。幼儿园教师属于教师这个群体，所形成的文化当然有着教师文化所具有的特点，但是又因为幼儿园教师具有一定的特殊性，所以在文化上也有所不同。因为其在面临特殊对象时会表现出慈爱之心，所以幼儿园教师文化具有情感性的特征；因为其所承担的教育任务在人的发展中处于初期阶段，所以幼儿园教师文化具有启蒙性的特征。作为一种文化，幼儿园教师文化自然可以发挥文化的作用：第一，作为一线的幼儿园教师，既是幼儿园教师文化的建设者，也是幼儿园教师文化的作用者，在良好的幼儿园教师文化的熏陶之下，幼儿园教师受到潜移默化的影响，促进其专业化成长①；第二，幼儿园教师文化也是幼儿园文化的亚文化，作为幼儿园文化的重要影响因素，幼儿园教师文化的形成和发展对幼儿园文化的建设有着促进作用；第三，幼儿园教师文化和幼儿园文化的共同发展在一定程度上能促进学前教育文化的发展。

二、幼儿园教师文化的特征

（一）启蒙性

启蒙，就是先知先觉的人启发教育那些后知后觉的人，简言之，就是开导蒙昧，使人明白事理，获得独立人格的过程。② 启蒙性是幼儿园教师文化的主要特征之一，也是其区别于其他阶段的教师文化的特征之一。幼儿园教师文化的启蒙性体现在幼儿园教师教育教学工作的方方面面。首先，体现在幼儿教育内容的启蒙上。不要求幼儿园教师教给幼儿艰深晦涩的知识，而是要求其带领幼儿全面地了解基础知识，对各种知识和现象形成粗浅的认知，为以后进行深刻的学习奠定基础。其次，体现在日常生活习惯的启蒙上。处于该阶段的幼儿缺乏对于一些日常生活习惯的认知，但是在日常行为方式上具有模仿性，而幼儿园教师可以在如吃饭、穿衣服以及上厕所等方面进行引导，端正他们的行为，从而逐渐帮助幼儿

① 索长清，但菲．幼儿园教师文化的特征及其实践指向[J]．教育探索，2015(08)：135-139.

② 索长清，但菲．幼儿园教师文化的特征及其实践指向[J]．教育探索，2015(08)：135-139.

建立合理的日常行为方式。最后，体现在对幼儿情绪情感的启蒙上。生理上和心理上的不成熟导致幼儿的情绪不稳定，容易冲动等，而幼儿园教师可以通过教育以及自身的感染力对幼儿的情绪情感进行启蒙。例如，让幼儿知道自制，面对诱惑时学会克制自己；让幼儿学会怎样去爱，怎样去表达自己的情感，能够对身边的人述说自己内心的真实感受。

(二)情感性

幼儿园教师文化的另外一个重要特征就是情感性，其具有情感性的最主要原因和幼儿园教师这个群体的性别有关。目前，在幼儿园专任教师中，女教师几近98%，男教师只占2%左右。① 母性情怀和母爱是女性文化情感价值中最自然也是最重要的一部分。② 和其他教育阶段的教师群体相比，幼儿园女教师对待幼儿更多了一种慈爱之情，她们身上与生俱来的母性使得她们把每一个幼儿当成自己的孩子般对待，在对待幼儿时拥有更多的耐心。同时，相较于男性，女性要少些理性，更多的是一些感性，她们的感性认知在日常生活以及教育教学活动中发挥着重要作用。女性整体上比男性要敏感，情感上要细腻，在观察力方面拥有很大优势，这个时期的幼儿还不能很清楚地表达自己的各种想法，幼儿园女教师能够细致地观察幼儿的情绪情感变化，察觉幼儿情绪情感发生变化的原因，预判出幼儿想要表达的情绪情感。所以说，幼儿园教师的性别结构影响着幼儿园教师文化的特点。

三、幼儿园教师文化的影响因素

幼儿园教师文化是幼儿园教师这个群体在日常教育教学活动中所形成的，但是人是社会的产物，所以幼儿园教师文化的形成不仅仅与幼儿园教师群体自身有着密切联系，还和幼儿园教师群体所处的相关环境有着莫大的关系。

---

① 汪丞，郭跃进，伍香平．新形势下加强幼儿园教师队伍建设的对策思考[J]．学前教育研究，2014(02)：27-32.

② 索长清，但菲．幼儿园教师文化的特征及其实践指向[J]．教育探索，2015(08)：135-139.

(一)幼儿园教师

幼儿园教师文化是围绕着幼儿园教师这个群体形成与展开的，幼儿园教师这个群体的发展决定着幼儿园教师文化的形成和发展。幼儿园教师负责幼儿园里繁琐复杂的教育教学活动，在这个过程中所逐渐发展和形成起来的价值观念、思维方式和行为方式决定着幼儿园教师文化的内涵。作为幼儿园教师中的个体，关于幼儿园教师这个职业的价值认识、关于幼儿的认识、关于教育的认识、关于怎样组织教育教学活动的认识等在价值上所形成的判断、在知识上所收获的认知以及在实践上所总结的经验，都是幼儿园教师文化的决定因素。幼儿园教师群体之间的交流与合作也是影响整个幼儿园教师文化形成和发展的因素，群体之间的交流与合作是传播科学理念的重要方式，让幼儿园教师可以接触到更加科学的教育教学理念，见识到更加丰富多彩的教育教学方式，激发幼儿园教师群体发挥更大的创造力。同时，幼儿园教师群体之间的交流与合作也能够有效地促进科学的思想、思维方式以及教育手段等被广大幼儿园教师所接受和实践，这能提高幼儿园教师文化的形成和发展的效率。所以，幼儿园教师群体的发展是幼儿园教师文化的决定因素。

(二)幼儿园环境

幼儿园环境在幼儿园教师文化的塑造和形成中占有重要地位，良好的幼儿园环境可以潜移默化地影响着幼儿园教师群体，影响着幼儿园教师文化。幼儿园环境大体可以分为三类：物质环境、心理环境以及制度环境。物质环境是指幼儿园内的活动设施、教育教学设备、玩教具配备等方面的情况，包含幼儿园内实质上看得到的物质资源。幼儿园教师的教育教学活动离不开这些资源，良好的物质环境能够充分激发幼儿园教师的想象力，使幼儿园教师活跃的想法得到充分发挥。相反，物质环境的不足则会导致幼儿园教师的教育思想无法得到实践。心理环境是指幼儿园中的教师群体内所存在的、可以感受到的一种心理氛围，这种氛围和幼儿园教师的教育教学活动的实践密切相关。轻松愉悦的心理氛围能够提高幼儿园教师的职业认同感，提高他们在教育教学活动中的积极性，而紧张的心理氛围则会导致幼儿园教师的思维僵化，缺乏活力。制度环境主要是指幼儿园内的一些规章制度，其在整个幼儿园活动中起着十分关键的作用。规章制度涉及幼儿园教师行为举止的方方面面，幼儿园内的教师需要遵守相关规章制度。良好的幼儿园制度环境可以有效地对幼儿园教师群体形成一种行为约束，促成其良好行为的形成，从而有效地塑造幼儿园教师文化。而制度的无序则会导致难以形成统一的幼儿园教师文化。

(三)幼儿园外部环境

幼儿园不是孤立存在的，幼儿园教师不是一个与世隔绝的群体，其形成的文化也带有幼儿园外部环境的影子。一方面，社会对幼儿园教师的认可度影响着幼儿园教师文化，因为人们对于幼儿园教师这个职业的认识影响着教师的专业认可度，影响着他们对待幼儿的职业精神和态度，从而影响幼儿园教师文化。另一方面，外界对幼儿的认识和关注度影响着幼儿园教师文化。重视幼儿教育就是关注幼儿园教师的相关工作，许多科学的教育教学方面的知识会逐渐得到传播，这会在一定程度上影响幼儿园教师的教育观以及教学行为方式，从而影响幼儿园教师文化。同时，幼儿园所处的外部环境也影响着幼儿园教师文化。不同的地理位置有着不同的风俗习惯，一些特别的风俗习惯会被幼儿园教师融入教育教学活动中去，形成独特的幼儿园教师文化。并且不同地区的人们的生育观和教育观不同，加上地方经济因素，幼儿园班级中的幼儿数量就会有所不同，造成不同的师生比例，需要幼儿园教师拥有不同的教学行为模式，这也会影响幼儿园教师文化。

【延伸阅读】

《幼儿园教师专业标准(试行)》

职业理解与认识：

贯彻党和国家教育方针政策，遵守教育法律法规。理解幼儿保教工作的意义，热爱学前教育事业，具有职业理想和敬业精神。认同幼儿园教师的专业性和独特性，注重自身专业发展。具有良好职业道德修养，为人师表。具有团队合作精神，积极开展协作与交流。

对幼儿的态度与行为：

关爱幼儿，重视幼儿身心健康，将保护幼儿生命安全放在首位。尊重幼儿人格，维护幼儿合法权益，平等对待每一个幼儿。不讽刺、挖苦、歧视幼儿，不体罚或变相体罚幼儿。信任幼儿，尊重个体差异，主动了解和满足有益于幼儿身心发展的不同需求。重视生活对幼儿健康成长的重要价值，积极创造条件，让幼儿拥有快乐的幼儿园生活。

幼儿保育和教育的态度与行为：

注重保教结合，培育幼儿良好的意志品质，帮助幼儿形成良好的行为习惯。注重保护幼儿的好奇心，培养幼儿的想象力，发掘幼儿的兴趣爱好。重视环境和游戏对幼儿发展的独特作用，创设富有教育意义的环境氛围，将游戏作为幼儿的主要活动。重视丰富幼儿多方面的直接经验，将探索、交往等实践活动作为幼儿最重要的学习方式。重视自身日常态度言行对幼儿发展的重要影响与作用。重视幼儿园、家庭和社区的合作，综合利用各种资源。

个人修养与行为：

富有爱心、责任心、耐心和细心。乐观向上、热情开朗，有亲和力。善于自我调节情绪，保持平和心态。勤于学习，不断进取。衣着整洁得体，语言规范健康，举止文明礼貌。

专业知识：

幼儿发展知识：

了解关于幼儿生存、发展和保护的有关法律法规及政策规定。掌握不同年龄幼儿身心发展特点、规律和促进幼儿全面发展的策略与方法。了解幼儿在发展水平、速度与优势领域等方面的个体差异，掌握对应的策略与方法。了解幼儿发展中容易出现的问题与适宜的对策。了解有特殊需要幼儿的身心发展特点及教育策略与方法。

幼儿保育和教育知识：

熟悉幼儿园教育的目标、任务、内容、要求和基本原则。掌握幼儿园各领域教育的学科特点与基本知识。掌握幼儿园环境创设、一日生活安排、游戏与教育活动、保育和班级管理的知识与方法。熟知幼儿园的安全应急预案，掌握意外事故和危险情况下幼儿安全防护与救助的基本方法。掌握观察、谈话、记录等了解幼儿的基本方法和教育心理学的基本原理及方法。了解0—3岁婴幼儿保教和幼小衔接的有关知识与基本方法①。

……

【思考题】

1. 试讲述幼儿园教师不同职业角色的任务。

2. 试举例说明幼儿园教师专业发展历程。

【参考文献】

[1]肖全民. 学前教育原理[M]. 北京：北京师范大学出版社，2017.

[2]刘晓东，卢乐珍. 学前教育学[M]. 南京：江苏凤凰教育出版社，2017.

[3]蔡迎旗. 学前教育原理[M]. 武汉：华中师范大学出版社，2017.

[4]钱雨. 学前教育学[M]. 上海：上海交通大学出版社，2018.

[5]陈琦，刘儒德. 当代教育心理学[M]. 北京：北京师范大学出版社，2007.

[6]黄人颂. 学前教育学[M]. 北京：人民教育出版社，2015.

[7]冯晓霞. 幼儿园教师的专业知识[J]. 学前教育研究，2012(10)：3-12，45.

[8]赵复查. 现代教师文化：理念、特征与建构[J]. 武汉大学学报(哲学社会科学版)，2005(04)：570-574.

[9]吴春榕. 对当前幼儿园教师文化建设的思考与建议[J]. 学前教育研究，2005(12)：46-47.

[10]吴雨. 教师教学视野下的幼儿园教师文化研究[J]. 成都师范学院学报，2014，30(07)：22-25.

[11]吴玲. 论教师的劳动特点[J]. 安徽师范大学学报(人文社会科学版)，1999(04)：507-510.

[12]陆宝君. 幼儿教师文化研究的回顾与前瞻[J]. 教育评论，2015(03)：89-92.

[13]刘占兰. 幼儿园教师的专业能力[J]. 学前教育研究，2012(11)：3-9.

[14]刘银花，刘胜花. 教师职业角色的反思与再认识[J]. 职业时空，2005(20)：

① 唐淑，张永英，杨一帆，等. 中华人民共和国学前教育2009—2019年大事记[J]. 学前教育研究，2019(10)：3-15.

24-26.
[15]赖天利. 幼儿园教师专业发展现状及其提升策略[J]. 学前教育研究，2019(01)：89-92.
[16]汪丞，郭跃进，伍香平. 新形势下加强幼儿园教师队伍建设的对策思考[J]. 学前教育研究，2014(02)：27-32.
[17]王晓莉. 教师专业发展的内涵与历史发展[J]. 教育发展研究，2011，33(18)：38-47.
[18]杨淑芸. 农村幼儿园教师职业倦怠表现及其干预策略[J]. 学前教育研究，2014(08)：55-59.
[19]索长清. 幼儿园教师文化研究[D]. 长春：东北师范大学，2014.
[20]索长清，但菲. 幼儿园教师文化的特征及其实践指向[J]. 教育探索，2015(08)：135-139.
[21]佘雯. 幼儿园园本文化的建构[J]. 教育评论，2003(05)：109.
[22]唐淑，张永英，杨一帆，等. 中华人民共和国学前教育 2009—2019 年大事记[J]. 学前教育研究，2019(10)：3-15.

第三章　幼儿园一日活动的安排与指导

导读

《幼儿园教育指导纲要(试行)》(以下简称《纲要》)中指出："幼儿园应为幼儿提供健康和丰富的生活和活动环节，满足他们多方面的需要，使他们在快乐的童年生活中获得有益于身心发展的经验。"①教育部于2012年颁布的《3—6岁儿童学习与发展指南》(以下简称《指南》)中也指出："要创设丰富的经验环境，合理安排一日生活。"②可见，幼儿园一日活动安排与指导的科学性与有效性在很大程度上决定了幼儿在园生活质量，对幼儿的身心全面发展具有举足轻重的作用。

2015年12月30日，广东省教育厅颁布了《广东省幼儿园一日活动指引(试行)》(以下简称《指引》)。③ 作为促进幼儿园科学实施一日保教活动的指导性文件，《指引》中对广东省幼儿园一日活动做出了全面而细致的指导。根据幼儿活动的属性，将幼儿园一日活动划分为四种类型：生活活动、体育活动、自主游戏活动和学习活动，同时明确了各活动中保育教育工作的主要内容和要求。本章将针对幼儿园一日活动的主要内容，对生活活动、体育活动、自主游戏活动和学习

---

① 中国教育部.3—6岁儿童学习与发展指南[EB/OL]. http://www.moe.gov.cn/srcsite/A06/s3327/201210/t20121009_143254.html.

② 中国教育部．幼儿园教育指导纲要(试行)[EB/OL]. http://old.moe.gov.cn/publicfiles/business/htmlfiles/moe/moe_19/201001/81984.html.

③ 广东省教育厅．广东省幼儿园一日活动指引(试行)[EB/OL]. http://zwgk.gd.gov.cn/006940116/201512/t20151231_636549.html.

活动四种基本类型活动的安排与指导进行详细阐述。

第一节　幼儿园生活活动的安排与指导

生活活动在幼儿生活中占有重要地位。《纲要》中指出：“幼儿园必须把保护幼儿的生命和促进幼儿的健康放在工作的首位”“幼儿园教育应保教并重，促进每个幼儿富有个性的发展。”《指南》在健康领域中指出：“成人应为幼儿提供合理均衡的营养，保证充足的睡眠和适宜的锻炼，满足幼儿生长发育的需要；创设温馨的人际环境，让幼儿充分感受到亲情和关爱，形成积极稳定的情绪情感。”对于3—6岁的幼儿来说，其身体各个器官的生理机能尚未发育成熟，但身体和心理的发育与发展处于重要时期，同时，幼儿期又是生长发育十分迅速、新陈代谢极为旺盛的时期。但由于幼儿自身知识经验匮乏，缺乏独立生活能力和自我保护意识，因此，他们需要成人的悉心照顾，更需要成人反复地指导帮助、训练培养，才能独立自理，并养成良好的生活习惯，建立良好的生活秩序。

在幼儿园活动中，生活活动是最基础也是最重要的一个环节，因此，为幼儿提供一个安全、卫生、有利于生长发育的物质环境，照顾好幼儿的日常生活是十分关键的，这直接关系到幼儿正常的生长发育和身体健康。遵循幼儿身心发展规律和需要，对幼儿一日生活进行合理安排将有利于幼儿掌握必备生活技能，养成良好生活习惯与卫生习惯，从而愉快地生活和开展活动。

一、生活活动的目标

幼儿园在生活活动中主要着力于培养幼儿良好的作息习惯、睡眠习惯、排泄习惯、盥洗习惯、整理习惯等；帮助幼儿了解初步的卫生常识和遵守有规律的生活秩序；帮助幼儿学会多种讲究卫生的技能，逐步提高幼儿生活自理的能力；帮助幼儿学会用餐方法，培养幼儿良好的饮食习惯。在幼儿期养成良好的生活习惯，提高自理能力，对幼儿今后的生存与发展起着至关重要的作用。同时，生活能力的提升也将有利于幼儿自信心的树立和自我效能感的提高。

针对不同年龄的班级有不同的阶段目标：

(一)小班

(1)使幼儿了解盥洗的顺序，初步掌握刷牙、洗手等的基本方法；知道穿脱衣服的顺序；学习保持自身的清洁，会使用纸巾；培养幼儿坐、站、行等正确姿势；培养幼儿良好的作息习惯。

(2)让幼儿在轻松自然的气氛中进餐，保持情绪愉快；初步培养幼儿良好的进餐习惯，懂得就餐卫生；初步培养幼儿爱吃各种食物和主动饮水的习惯。

(二)中班

(1)学习穿脱衣服、整理衣服；学习整理玩具，能保持玩具清洁；有初步的生活自理能力。

(2)进一步培养幼儿爱吃各种食物的习惯，教育幼儿不能偏食及暴饮暴食；教育幼儿少吃冷饮，多喝水，进一步培养幼儿良好的饮食习惯。

(三)大班

(1)保持个人卫生，并能注意生活环境的卫生；进一步培养幼儿良好的生活卫生习惯和生活自理能力，学习做值日生，多为他人、为集体服务。

(2)指导幼儿使用筷子就餐，进一步培养幼儿良好的饮食习惯；让幼儿知道高糖高热量、煎炸的食品不能多吃，零食不宜多吃，否则会有碍于身体健康。

二、生活活动的安排与指导

生活活动是指满足幼儿基本生活需要的活动，生活活动贯穿于幼儿的一日活动之中，旨在帮助幼儿发展生活自理、与人交往、自我保护等能力，逐步养成健康的生活规则和习惯。主要包括幼儿入园、进餐、饮水、盥洗、如厕、睡眠、离园等环节。

(一)入园

入园是幼儿来园的第一个环节，做好入园工作不仅有助于增进家园沟通与师幼关系，更有助于让幼儿感受到幼儿园的温馨，从而愉快地开始新一天的幼儿园生活。因此，要把握入园时机，全方位地做好晨间来园环节的组织与指导，为一天活动的有序开展奠定良好开端。

1. 入园的常规安排与指导

(1)幼儿入园前做好活动室内外清洁工作及开窗通风。

(2)微笑迎接，态度亲切，与幼儿、家长互道“早上好”。

(3)观察幼儿的情绪和健康情况，与家长进行简单的交谈(如孩子服药、接送以及用餐情况等)，并做好晨检记录。

(4)提醒幼儿放好自己的物品，养成来到幼儿园马上洗手的好习惯。

(5)指导幼儿进行晨检后的体育活动或区角游戏。

2. 注意事项

(1)幼儿园晨检包括一摸、二看、三问、四查，医务人员把好晨检第一关，给幼儿发放晨检卡，可根据身体健康情况发放不同颜色的晨检卡(绿色代表健康、黄色代表身体欠佳，提醒班上教师多关注)。

(2)落实缺勤追踪制度，每天班上教师要做到追踪缺勤幼儿情况，认真记录。如果是因病缺勤的，要做到就诊病历的记录，上报医务室做进一步的诊断；如果是患有传染病，要依据疾控要求让幼儿做好居家隔离，班上做好卫生消毒工作。

(3)在一天的活动中，教师要观察幼儿的身体和情绪状况，发现问题及时处理。如发现幼儿身体不适，及时送幼儿园医务室。由医生根据幼儿情况做相关的处理或请家长带幼儿就医。

(4)保教人员应特别重视：①前一天在园或在家发生了特殊情况的幼儿，教师利用晨间接待的机会，与家长、幼儿简短交谈，做好记录和处理；②如发现疑似患有传染病的幼儿，应在第一时间上报保健医生及园领导，采取隔离等应急措施。

(5)通知家长需要配合的相关事宜：①帮助幼儿带齐当日所需的用品，确保幼儿不带危险物品到园；②出示接送卡，按时送幼儿入园，鼓励幼儿主动接受晨检；③主动向保健医生、保教人员沟通幼儿的特殊情况，如需委托幼儿园喂药，填写委托书、药品登记表。

(二)进餐

幼儿在园合理、均衡的膳食是保证身体发育的基础。幼儿园的进餐环节主要包括早餐、午餐、晚餐、水果餐及点心餐。根据幼儿身体发育的特点，幼儿园要制定正确的饮食制度，幼儿进餐必须定时定量，开饭要准时，进餐间隔时间应为3—4小时。老师要做好进餐各环节的常规安排，统一执行，帮助幼儿形成良好的进餐习惯。

1. 进餐的常规安排与指导

(1)做好餐前准备。组织指导幼儿洗手，提醒幼儿正确的洗手顺序和方法；洗手时不玩水，培养节约用水的意识；组织一些较为安静的活动，安抚幼儿情绪，培养幼儿安静等待同伴一起进餐的习惯。

(2)餐前可进行讲故事、做手指游戏等活动，或者进行膳食营养、进餐礼仪方面的教育。

(3)为幼儿营造宽松、愉快的进餐环境和氛围。进餐期间可播放一些优美、轻松的音乐或故事。教师指导幼儿进餐，及时纠正个别幼儿不良的进餐习惯，照顾个别体弱幼儿。

(4)指导幼儿餐后收拾餐具，用抹布清洁自己的餐位；培养饭后洗手、漱口、擦嘴的习惯。

(5)组织幼儿开展餐后活动，可组织幼儿看书、观察植物等。

2. 注意事项

(1)保证幼儿两餐间隔时间不得少于3小时，即上一餐结束到下一餐开始的时间不少于3小时，用餐持续时间以20—30分钟为宜。

(2)避免幼儿餐前餐后半小时剧烈运动，进餐前后15分钟内组织幼儿安静活动。

(3)对于中大班幼儿，可指导其学习使用筷子用餐。

(4)科学制定幼儿食谱，注意低盐膳食和膳食合理搭配。

(5)指导家长在家帮助幼儿养成良好的进餐习惯：不喂饭，自己进餐，进餐期间不讲话不玩玩具，学习自己收拾餐具。

（三）饮水

幼儿每天的活动量大，新陈代谢较成人更加旺盛，每天消耗的水分较多，如果不及时补充水分，身体很容易出现缺水、脱水的现象，对身体健康造成危害。因此，引导幼儿知道饮水的重要性，并做到及时饮水是幼儿园生活活动的重要内容。

1. 饮水的常规安排与指导

（1）支持幼儿自主饮水。幼儿根据自己的需要主动饮水，饮多少接多少。

（2）指导幼儿养成良好的饮水习惯。在教师的提醒下有序接水，接水后在适合的位置坐下再饮水，避免洒水和浪费水。

（3）指导幼儿会使用自己的专用水杯饮水，能识别自己的水杯位置并有序取放水杯。

2. 注意事项

（1）3—6 岁幼儿一日饮水量为 400—600ml，可根据季节变化酌情调整。

（2）帮助幼儿了解饮用白开水的重要性，掌握正确的饮水方式，培养幼儿节约用水的意识。

（3）控制好水温，避免水温过高烫伤幼儿，冬天适当调高水温，避免因水温降低而导致后面接水的幼儿喝凉水的现象。

（四）如厕

如厕是幼儿园一日活动中重要的生活环节，它能反映孩子最基本的生活自理能力和卫生习惯。如厕能力的培养是幼儿园生活教育的一项重要内容，对于幼儿的成长来说，养成良好的如厕习惯、掌握正确的如厕方法是十分必要的。

1. 如厕的常规安排与指导

（1）创设温馨的如厕环境，尽可能提供男女分隔的如厕空间。

（2）了解并尊重幼儿的排便习惯，鼓励幼儿及时大小便，并尽可能减少集体如厕。

（3）引导幼儿学习自己穿脱裤子、擦屁股，养成如厕后主动冲水、洗手的卫生习惯。

(4)培养幼儿保护身体私密部位卫生的意识及安全意识。

2. 注意事项

(1)根据幼儿年龄特点，提供相应的指导和帮助；指导幼儿正确如厕，提醒幼儿如厕时注意安全。

(2)提醒幼儿如厕时如感到不舒服，或弄脏衣裤，应及时告知教师并更换衣裤。

(3)指导家长在家中培养幼儿良好的如厕习惯。特别是小班入园前教师要关注幼儿的如厕习惯，消除幼儿的顾虑，逐步让幼儿过渡，比如不会使用蹲厕的幼儿，让其提前在家学习，或者利用尿盆逐步帮助其过渡。

(五)盥洗

幼儿园的盥洗主要包括洗手、洗脸和漱口。幼儿在园的一日生活中，各盥洗环节所占的时间也各不相同，洗手是进行得最频繁的一项活动，如幼儿饭前便后、活动前后等都需要将手清洗干净。漱口一般在饭后进行，洗脸则主要在饭后和起床后进行。掌握必备的盥洗技能对幼儿生活自理能力的提高有着重要的意义。

1. 盥洗的常规安排与指导

(1)引导幼儿学习并掌握基本盥洗技能，如洗手、洗脸的程序，使用便池的方法以及中、大班幼儿在便后自己擦拭的技能；合理安排幼儿盥洗的时间。

(2)引导幼儿养成饭前便后和活动后及时洗手的习惯，引导幼儿饭后漱口、起床后洗脸的习惯。

(3)引导幼儿养成良好的盥洗习惯。

①有秩序地排队如厕、洗手，不推不挤。

②不在盥洗室内大声喧哗吵闹，不妨碍他人如厕、洗手，不在盥洗室内追跑嬉戏。

③不玩水和肥皂。

④洗手完毕要用干手巾擦干手上的水再离开，不能把水甩在别人身上和地上。

2. 注意事项

(1)关注幼儿盥洗环节，尽量分批分组盥洗，避免由于拥挤而发生意外。

(2)可巧用图片、标识为幼儿创设整洁、温馨、富有教育意义的盥洗环境。

(3)指导家长在家中培养幼儿良好的盥洗习惯。

【案例】

为提高幼儿洗手的趣味性和积极性，可以通过儿歌的方式教孩子七步洗手歌：两个好朋友，手碰手(抹洗手液)；你背背我，我背背你(洗手背)；来了一只大螃蟹，大螃蟹(洗指缝)；举起两只大钳子，大钳子(洗大拇指)；我和螃蟹点点头，点点头(洗掌心和指尖)；螃蟹跟我握握手，握握手(洗手腕)。

(六)睡眠

幼儿期正是生长发育的重要时期，保证幼儿充足的睡眠，对他们身体、大脑的发育有着重要的作用。在幼儿睡觉前，教师应做好准备工作，为幼儿创设一个舒适、安静、温馨的睡眠环境。

1. 睡眠的常规安排与指导

(1)营造安静、舒适、安全、卫生的午睡环境。睡前检查床铺上有无杂物或存在安全隐患的物品。

(2)引导幼儿养成良好的入睡习惯。

①睡前先上厕所，然后换上小拖鞋。

②安静、有序地进入睡室，换上干净的睡裤，脱下的衣物、鞋子在指定位置摆放整齐。

③安静入睡，不影响他人。

④安静、有序地起床、自己穿衣、整理。

(3)了解并尊重幼儿的睡眠特点，时刻关注幼儿的睡眠情况，如睡姿是否正确、是否盖好被子等；耐心安抚入睡较晚或入睡困难的幼儿。

(4)巡视幼儿的午睡情况，如发现异常，应及时处理和记录，不做与午睡管理无关的事。

2. 注意事项

(1)关注室内温度和空气流通情况，关注身体不适的幼儿并细心照顾和护理。

(2)指导家长在家中创设适合幼儿睡眠的环境，提醒幼儿保持良好的睡眠习惯，在家(特别是假期期间)尽量结合幼儿园作息时间做到规律作息，以免幼儿在园内因作息不规律而出现不适。

【案例】

新生入园午睡是最难克服的问题，常常会有个别孩子不肯上床午睡，教师可以先关注大部分的孩子，让不愿意午睡的孩子安静看书，慢慢对其提出新的要求：上床不一定要睡着，躺着就可以了。慢慢地孩子累了或者对环境消除了警惕，就会逐步开始睡午觉了。需要教师根据孩子的实际情况，耐心引导，小步递进地帮助孩子逐步适应幼儿园的环境和要求。

(七)离园

入园和离园都是幼儿从家庭到幼儿园和从幼儿园到家庭的环境转换环节。做好离园工作，有助于帮助幼儿适应环境转换，快乐地结束一天的在园生活。

1. 离园的常规安排与指导

(1)组织幼儿开展各类活动，并与幼儿进行简短谈话，回顾一天的生活，肯定他们的进步，提出新的要求。

(2)检查幼儿的衣服鞋子等是否穿着整齐，提醒幼儿带好回家用品。

(3)主动与家长交流幼儿在园情况，幼儿的特殊情况须仔细向家长交代，有针对性地做好家园沟通。

(4)过了幼儿离园时间而家长还未到的，一方面要与家长联系，另一方面要安抚好幼儿，共同等待。

2. 注意事项

(1)管理人员在离园时段加强巡查，发现问题及时处理。

(2)严格执行接送制度，家长凭接送卡接送幼儿。非受委托者来园接幼儿，保教人员须向家长确认。

(3)晚接幼儿须送交值班人员，做好交接记录。

(4)最后离开教室者关好门窗、水电。

【案例】

小班的离园环节，需要教师更加认真细致地做好保育工作，如检查孩子的衣服袖子有没有弄湿，内裤有没有尿湿，衣服有没有穿整齐，鞋子有没有穿反等。对于小班，做好保育工作是重点，这些工作很琐碎，却能让家长更放心，并信任幼儿园。另外，孩子在幼儿园里如果有磕碰现象，一定要把来龙去脉对家长交代清楚，让家长感受到教师对孩子的关注和关心。

三、幼儿生活常规管理的策略

《纲要》在“科学、合理地安排和组织一日生活”中明确指出：“建立良好的常规，避免不必要的管理行为，逐步引导幼儿学习自我管理。”小班是培养生活自理能力的关键时期，帮助幼儿掌握自我服务能力和生活技能、养成良好的生活习惯对班级管理非常重要。在此过程中，幼儿逐渐从他律变为自律。到了中大班，幼儿的动手能力增强了，更要激发幼儿积极为他人、为集体做事的能力，调动主人翁精神，使其积极参与班级常规管理。

(一)寓教于乐，帮助幼儿提升生活技能

小班幼儿动手能力较弱，教师要耐心教导，同时注重科学的方式方法，教师做讲解示范，让幼儿清楚步骤，先做什么？怎么做？再做什么？怎么做？朗朗上口的儿歌、生动形象的故事、可爱有趣的木偶剧等，是教师可以对幼儿进行生活常规教育的方法之一。比如，为了让幼儿学会叠衣服，可以教唱以下儿歌：小小衣服摆摆好，双手交叉抱一抱。弯弯腰，弯弯腰，我的衣服叠好了！还有学习叠裤子的儿歌：两条裤腿并一起，裤腰裤腿对整齐。再向中间折一折，小小裤子叠整齐。要想解决幼儿吃饭掉饭粒、不爱惜粮食的问题，可以让幼儿听《大公鸡和漏嘴巴》的故事，利用直观形象的教学方法，提高幼儿的学习兴趣，让幼儿边说边练，学起来更快，也能更好地掌握各项生活技能。

此外，为了让幼儿更容易记住自己物品要摆放的位置，可以玩“找朋友”的游戏，请每个幼儿选择一个自己喜爱的贴纸做标记，把同样的贴纸贴在幼儿的水杯架、毛巾架、书包架上，每一次用完物品，幼儿就会自觉放回自己的位置。日常在区域活动中，可以让幼儿给娃娃穿衣服、扣扣子、绑鞋带、喂娃娃吃饭等，在游戏中巩固幼儿的生活技能。还可以通过“送玩具回家”“找家”“认一认、摆一摆”等有趣的游戏，让幼儿学习整理和归放玩具物品，效果很好。

(二)善于利用音乐建立良好的生活常规

选取几段鲜明的乐曲，让幼儿明确每一段音乐播放的时间和相应的常规要求，这样幼儿一听到熟悉的音乐就知道自己要做什么了。比如区域活动结束时，播放收玩具的音乐，幼儿就会自觉收拾活动材料；当幼儿在进行体育活动或者餐后活动时，播放比较轻柔的音乐(如摇篮曲、轻音乐等)，幼儿听到后就知道要安静休息了；午睡后播放起床的音乐幼儿就知道起床时间到了等。这些音乐像是指挥棒一样，教师不需要大声叫喊，幼儿可以自觉遵守，减轻了教师的负担，又增强了幼儿自我服务的意识。

(三)让幼儿参与班级的常规管理

步入中大班后，幼儿的自理能力、班级意识都增强了，教师可以采取讨论的形式，让幼儿自己来制定班级的活动的常规要要求，如入区活动的常规要由幼儿自己来建立，幼儿对自己制定的常规要求非常明确，不仅能自觉遵守，而且还能互相监督，使常规教育真正落到实处。另外，要善于利用值日生制度，以协助管理班级的常规生活活动，如督促小朋友认真洗手、排队喝水、整理物品等。当值日生的小朋友提高了责任感，不仅能自我严格要求自己，还能尽心尽力督促好小伙伴做事，一些有不良习惯的小朋友在值日生的指导和督促下也能得以改进，逐步形成良好的习惯。当值日生负责管理班级常规活动成为一种习惯时，无论是管理者还是被管理者都会养成自觉的生活常规行为，这将极大地促进班级各项工作的顺利开展。

(四)家园合力助力幼儿生活能力的提升

在家园沟通中，教师要充分利用家长资源，让家长成为教师的教育伙伴、支持者。教师不仅要让家长了解幼儿在园的一日生活活动及相关的要求，也要通过家园联系手册、日常沟通等获得幼儿的在家情况，以此相互了解，并开展有针对性的教育。比如，幼儿在园学到了叠被子、叠衣服等方法，教师与家长及时沟通，幼儿回到家后，家长可提供机会让幼儿多动手，这样所习得的技能才能得以强化和巩固，形成好习惯。家长也要充分认识到家务劳动对幼儿发展的价值，让幼儿在家多做力所能及的事，培养动手能力和责任感，学习方法步骤，以使其更好地理解劳动的辛苦，更加懂得尊重劳动者。总之，只有家园建立了经常性的双向沟通，在教育上达成共识，才能助力幼儿更好地成长。

第二节　体育活动的安排与指导

《幼儿园工作规程》明确指出："幼儿园的主要任务是实行保育与教育相结合的原则，对幼儿实施体、智、德、美全面发展的教育，促进其身心和谐发展。"幼儿的身体健康是开展其他教育内容的基础。幼儿期的孩子身体各器官、系统的机能尚未发展成熟，组织比较娇嫩，其物质基础还相当薄弱。幼儿期又是生长发育十分迅速和旺盛的时期，此时正是建立物质基础的关键和有效时期。科学、适宜的体育活动，能促进幼儿身体各器官、系统机能的正常生长发育，增强幼儿的身体素质，提高免疫力。同时，丰富多彩的体育活动能培养幼儿活泼、开朗的性格和勇敢、顽强的意志品质。体育活动中的动作美、姿态美能培养幼儿对美的感受，塑造健美体格，陶冶美的情操。

在幼儿园一日活动中，体育活动是必不可少的重要环节，幼儿的体育教育是幼儿健康成长的基础，也是首要条件。幼儿的健康不仅是个人最大的财富，也是一个民族、一个国家的最大财富。幼儿园应始终坚持保教结合的基本原则，科学合理地开展体育教育，在保证和加强幼儿身体健康的前提下促进幼儿各方面素质协调发展。

一、体育活动的目标

根据《纲要》及《指南》中有关健康领域目标的精神，幼儿园体育活动的主要目标是通过开展适合幼儿年龄特点，丰富多彩、生动有趣的体育活动，吸引幼儿主动参与，并利用多种活动发展幼儿的身体平衡和协调能力以及动作灵活性，让幼儿喜欢上体育活动，使其在体育活动中好奇探究、文明乐群、勇敢自信，逐步具有一定的适应能力和自我保护的意识及能力。

《指南》在健康领域中对幼儿的动作发展提出了明确的目标(见表 3-1 至表 3-3)：

表 3-1 **目标 1：具有一定的平衡能力，动作协调、灵敏**

3—4 岁	4—5 岁	5—6 岁
1. 能沿地面直线或在较窄的低矮物体上走一段距离。 2. 能双脚灵活交替上下楼梯。 3. 能身体平稳地双脚连续向前跳。 4. 分散跑时能躲避他人的碰撞。 5. 能双手向上抛球。	1. 能在较窄的低矮物体上平稳地走一段距离。 2. 能以匍匐、膝盖悬空等多种方式钻爬。 3. 能助跑跨跳过一定距离，或助跑跨跳过一定高度的物体。 4. 能与他人玩追逐、躲闪跑的游戏。 5. 能连续自抛自接球。	1. 能在斜坡、荡桥和有一定间隔的物体上较平稳地行走。 2. 能以手脚并用的方式安全地爬攀登架、网等。 3. 能连续跳绳。 4. 能躲避他人滚过来的球或扔过来的沙包。 5. 能连续拍球。

表 3-2 **目标 2：具有一定的力量和耐力**

3—4 岁	4—5 岁	5—6 岁
1. 能双手抓杠悬空吊起 10 秒左右。	1. 能双手抓杠悬空吊起 15 秒左右。	1. 能双手抓杠悬空吊起 20 秒左右。
2. 能单手将沙包向前投掷 2 米左右。	2. 能单手将沙包向前投掷 4 米左右。	2. 能单手将沙包向前投掷 5 米左右。
3. 能单脚连续向前跳 2 米左右。	3. 能单脚连续向前跳 5 米左右。	3. 能单脚连续向前跳 8 米左右。
4. 能快跑 15 米左右。	4. 能快跑 20 米左右。	4. 能快跑 25 米左右。
5. 能行走 1 千米左右(途中可适当停歇)。	5. 能连续行走 1.5 千米左右(途中可适当停歇)。	5. 能连续行走 1.5 千米以上(途中可适当停歇)。

表 3-3　　**目标 3：手的动作灵活协调**

3—4 岁	4—5 岁	5—6 岁
1. 能用笔涂涂画画。 2. 能熟练地用勺子吃饭。 3. 能用剪刀沿直线剪，边线基本吻合。	1. 能沿边线较直地画出简单图形，或能边线基本对齐地折纸。 2. 会用筷子吃饭。 3. 能沿轮廓线剪出由直线构成的简单图形，边线吻合。	1. 能根据需要画出图形，线条基本平滑。 2. 能熟练使用筷子。 3. 能沿轮廓线剪出由曲线构成的简单图形，边线吻合且平滑。 4. 能使用简单的劳动工具或用具。

二、体育活动的安排与指导

体育活动主要是指在运动场地上，通过器械运动、自然因素锻炼、操节等形式开展的日常运动。《指引》提出：“幼儿每天户外活动不少于 2 小时，其中体育活动不少于 1 小时，高温天气可酌情减少。”体育活动能增强幼儿的运动能力和环境适应能力，是幼儿形成健康体魄、愉快情绪的重要途径。按照幼儿在园一日活动中参与体育活动的时间和内容的不同，通常可把幼儿园体育活动的组织分为以下几种形式：

(一) 晨间体育活动

所谓晨间体育活动指的是做操和晨间其他体育锻炼活动的总称。在天气晴朗的情况下，幼儿园的晨间活动一般在户外场地上进行(如遇雨天，可在教室内做操，或利用走廊开展体操和小型游戏活动)，活动的形式大多采用集体(如集体做操等)和自选活动(如利用运动器械，尤其是利用各种小型器材进行的小型多样的体育游戏和活动)相结合的方式。这种活动方式在全面锻炼幼儿的身体、养成幼儿良好的身体姿态、培养幼儿自觉参与和积极参加身体锻炼的良好习惯等方面，都有十分重要的作用。

1. 操节

操节包括早操和课间操。

操节的组织与指导：

(1)根据幼儿的年龄特点安排操节内容，结构合理、运动量适当、时间适宜，可适当设计幼儿互动、创编环节。

(2)检查和指导幼儿自行整理服饰，带领幼儿有序进场。

(3)教师着装适宜，精神饱满，示范准确，做操时注意观察幼儿的动作、情绪、节奏及身体状况等。

(4)配班教师观察和适时记录幼儿的动作、情绪、节奏及身体状况，便于事后评价。

(5)做操结束，引导幼儿有序收拾做操器械，带领幼儿有序离开。

2. 晨间体育锻炼

晨间体育锻炼是幼儿一日生活的开始，关系到幼儿能否精神饱满、情绪愉快地开始一天的生活和学习。为了进一步提高晨间活动的质量，要将活动内容与幼儿兴趣、环境因素等相结合，为幼儿提供适合身体全面发展需要的、既美观又富有趣味性的各类运动器材，包括攀爬类、平衡类、走跑类、跳跃类、投掷类等器材。根据幼儿每日活动情况及需要，提供不同的指导重点，引导幼儿实现全面而有效的锻炼。

晨间锻炼的组织与指导：

(1)合理地安排晨间活动。

①活动时间的把握。小班为 20 分钟以内，中班 20—25 分钟，大班 25—30 分钟。

②合理调控运动节奏，注意活动形式的交替变换。引导幼儿选择多项器材进行锻炼，每一次活动要考虑到动与静、强与弱、激与缓的合力交替。

(2)合理采用不同的组织形式。

①自选性。以幼儿为主体，充分发挥幼儿的主体选择性，让幼儿自己选择喜欢的活动器材进行锻炼。

②情景性。为了激发幼儿积极参与锻炼的兴趣，可设置一些场景。

③模仿性。有些基本动作需要幼儿掌握，这时采用模仿动作的方式最为恰当。

④游戏性。组织有趣的游戏进行晨间锻炼，可以提高幼儿的活动技能和锻炼兴趣。

⑤交替性。在晨间锻炼中，一种器材的锻炼价值较单一，应鼓励幼儿选择多种器材，并学会合理交替和搭配使用器材，以最大限度地挖掘体育器材的锻炼价值。

⑥竞赛性。为激发幼儿的竞争意识，可以选择竞赛性锻炼形式。

(3)提高晨间锻炼的效果。

①提供给幼儿的运动器材应合理搭配。每天选择一种能力(如跳或爬等)作为主要锻炼项目，进行重点指导，再搭配其他几个方面能力的锻炼。这样避免锻炼形式的单一化，同时又能让幼儿的身体得到全面锻炼和发展。

②锻炼面向全体幼儿，努力为不同水平的幼儿创设条件。

③给幼儿自主、独立活动的机会，引导幼儿探索和思考。

④综合考虑各种因素，始终将安全放在第一位。活动之前要仔细检查场地、器材，如发现安全隐患要及时处理。在活动中仔细观察每个幼儿的活动情况，如发现幼儿的异常情况要及时妥善地处理。

(二)体育教学活动

体育教学活动(即体育课)是幼儿园体育活动的基本组织形式，通常采用集体(全班或小组)教学活动的方式。体育教学活动不是单纯的技能传授，也不同于一般的身体锻炼，而是一种全方位的教育。在传授幼儿体育知识技能的同时，完善幼儿的人格和个性，发展其智力，更为其终身健康发展打下基础。

完整的一节体育教学课由准备部分(开始部分)、基本部分以及结束部分三部分构成。其中，准备部分是体育教学活动的重要组成部分、前提和开展基础，一般进行操节的练习、慢跑练习等，以调动身体器官的积极性。基本部分是活动的主体部分，教师带领幼儿在游戏中锻炼身体，幼儿了解、熟悉并掌握器材的性能、功能及使用方法。结束部分是放松环节，通过放松拉伸动作，减轻肌肉的紧张感，消除疲劳。这三部分之间是相互联系、环环紧扣的，缺少某一部分都会造成教学活动的不完善，甚至导致身体损伤的出现。

体育教学活动的组织与指导：

(1)把握运动的核心价值，科学定位体育教学活动目标。教师要有强烈的目标意识，把提高幼儿的身体素质这一根本目标作为每节体育课的出发点和归宿。

(2) 对于运动场地的布置与器材的选择要充分考虑安全性，保证幼儿的安全。在运动前，要检查场地以排除不安全因素，如场地是否平整、是否有石子杂物等；检查活动器材是否损坏、器材的完好度等；检查幼儿的穿着，要穿运动服装、运动鞋，穿得太多的幼儿要在适当的时间减少衣物以方便运动。

(3) 以游戏为主线，将游戏贯穿于体育教学活动的每一个环节。在体育运动中，幼儿在了解和掌握动作后，教师要通过游戏的方式，让幼儿在游戏中加以巩固，以达到体育锻炼的目的。教师应充分考虑运动内容的趣味性、形式的多样性，调动幼儿参与活动的主动性。

(4) 动态调控活动过程，科学合理地安排幼儿的运动量。教师应控制好幼儿的运动量，针对不同的动作难度循序渐进，由易到难。只有适宜的运动负荷，才能有效地增强体质，提高健康水平。

(5) 创设多层次、难易程度不同的运动要求，提出不同的要求，鼓励幼儿不断尝试，让每个幼儿在自己的能力范围内获得成功的体验。体育课的各个环节要循序渐进，环环相扣，节奏紧凑。好的活动能激发幼儿活动的兴趣，好玩的游戏能刺激幼儿不断地接受新的挑战。

(6) 运动前后及时补充水分，人体通过排汗将大量热能及时散发掉，以保持体温的相对稳定。

(7) 对于体质较弱的幼儿，可适当减低难度和减少活动时间。

(三) 户外体育活动

户外体育活动是幼儿园体育活动的重要组成部分，户外体育活动从幼儿的兴趣、爱好、能力、水平出发，给幼儿提供了更多自由活动的机会。其活动的趣味性和自由度，不仅有利于发挥幼儿的积极性、主动性和创造性，而且更有利于教师进行因人施教。《指引》规定了幼儿每天在园连续户外体育活动时间不少于一小时，这样既保证了幼儿的运动时间，又满足了幼儿锻炼的需求。

一小时连续户外体育活动，包括准备运动、集体游戏活动、自选活动和放松活动四个方面。准备运动包括对材料的准备、操节运动、慢跑等活动，以调动幼儿身体的积极性，更好地参与体育锻炼。在集体游戏活动中，幼儿在教师的组织下开展集体游戏，中、大班可开展竞赛性的体育活动，让幼儿在集体活动中体验快乐，增强竞争意识和合作能力。在自选活动中应准备两种以上的体育器材，让幼儿自愿选择。活动结束后可进行集体放松活动，让幼儿养成自觉收纳体育器材的习惯，提高动手能力。

每个幼儿园要根据自身的条件，划分具有不同运动功能的区域，通过全园统筹规划，制定场地活动表，每天让幼儿到不同的场地进行活动，每个区域各班可每周轮流一次使用，其中内容、材料、玩法都由教师根据本班幼儿的兴趣与能力、季节与天气的变化等自主进行调整变换，以分别满足不同年龄、不同活动能力的幼儿的体育活动需要。

有条件的幼儿园，可考虑户外体育活动的多元化，可增加每周一日的户外区域大循环活动。在开展户外体育大循环活动时要基于《指南》中提出的健康领域动作发展的基本目标和内容要求，考虑幼儿的年龄特征和发展水平，充分利用园内器材的运动功能，让幼儿在参与大循环活动的过程中锻炼走、跑、跳、攀爬等多方面的运动技能，使幼儿的动作水平得到充分发展。同时，教师在观察与评估幼儿运动情况的基础上及时更新大循环中的个别活动，也会给幼儿带来不一样的新鲜感，激发幼儿的运动兴趣，挖掘运动潜能，增强身体素质。①

体育大循环活动的规则应融入区域性体育活动的场景设置中，如活动行进的路线、如何进出活动区、如何取放玩具、每个区域的活动人数等，用箭头、图示提示，简洁明了，幼儿易懂可操作。

户外体育活动的组织与指导：

(1)向幼儿解释活动的规则和要求，提出安全注意事项，加强幼儿在体育活动中的安全教育。活动前，布置好场地，并检查器材及场地是否存在不安全因素；检查幼儿服饰的适宜性，尤其留意幼儿的鞋带和衣服的安全性等。

(2)根据幼儿的发展水平选择、安排适宜的体育活动，重视幼儿的基本动作发展，促进幼儿的运动技能均衡发展，保证走、跑、跳、攀爬、投掷、钻、平衡等各种基本体育活动的开展。活动应包括准备与热身、基本练习、放松与整理三个部分内容。

---

① 陆丽梅．幼儿园户外体育大循环活动的实践与探索[J]．教师博览(科研版)，2016(02)：81-82.

(3)建立运动的基本常规，使幼儿学会正确使用体育器材，在运动中保护自己。鼓励和支持幼儿参与体育游戏和教学活动，鼓励幼儿在安全条件下自己探索和创造新玩法。

(4)教师在组织户外体育活动时要做到有效观察与适当指导，包括幼儿活动中的情绪状态：是快乐、沮丧、胆怯还是漠然？玩什么？怎么玩？和谁一起玩？玩的水平如何？遇到问题与困难的态度：是否积极探索、寻求帮助？活动中的生理反应，如呼吸状况、脸色变化、出汗情况等。活动中的自我调节，如适度休息、穿脱衣服、避让危险等。

(5)在场地设置上，可按幼儿运动能力的五大方面——平衡、协调、灵敏、力量和速度来设计区域，或以某一方面的运动能力为主，并兼顾其他运动能力的发展来设计区域。在设计时，教师要考虑幼儿动作发展的均衡性：既有右手的活动，也有左手的活动；既有上肢的活动，也有下肢的活动；既有四肢的活动，也有躯干的活动；既有技巧型活动，也有力量型活动。

(6)培养幼儿良好的行为习惯，活动结束后进行小结，提出活动注意事项，指导幼儿收拾器材，整理活动场地。

第三节 自主游戏活动的安排与指导

自主游戏是幼儿在游戏情境中根据自己的兴趣和需要，以快乐和满足为目的，自由选择、自主展开、自发交流的积极主动的活动。自主游戏活动能够满足幼儿的个体需要，促进幼儿在自发、自主、自由的活动中发展想象力、创造力、交往合作能力及提升好奇探究的品质。每个孩子都是天生的游戏家，玩是他们的天性，玩也是他们最大的爱好。自主游戏是幼儿喜欢的，并且对幼儿的语言、动手能力及社会性交往等都有着重要意义的游戏。自主游戏是幼儿获得发展的最佳途径，也是幼儿学习的基本方式，幼教工作者要珍视自主游戏在孩子童年中的独特价值。

根据《指引》要求，幼儿园每日要保证不少于一个小时的连续的自主游戏，这是近几年广东幼儿教育注重游戏价值、注重自主能力培养的重大改革。在自主游戏中，游戏环境、游戏时间、游戏材料和游戏支持是影响幼儿自主游戏质量的重要因素。

一、游戏环境

《纲要》指出："幼儿园应为幼儿提供健康、丰富的生活和活动环境，满足他们多方面发展的需要，使他们在快乐的童年生活中获得有益于身心发展的经验。"幼儿园环境是幼儿学习和发展的"老师"，有意义的环境能够唤起幼儿活动的兴趣并激发其探索热情，为幼儿的学习和发展带来多种可能性。所以，幼儿园环境可谓重要的教育资源，尤其是户外环境，在幼儿身心健康发展中具有不可替代的价值。教师应该积极创设有教育价值的户外环境，支持幼儿在游戏中学习，促进其自主、全面发展。

幼儿园户外场地应满足幼儿体育锻炼和自主游戏的需要，户外自主游戏区域可分为沙区、泥区、水溪区、建构区、丛林区、涂鸦区、种植园等。每个区域强调的是发挥独特的功能，区域之间又能相互作用、互为所用，满足幼儿运动和游戏探索的不同需要。

首先，要考虑游戏环境的安全性。每一次组织游戏活动时，我们都要事先检查活动区域和器材的安全性，再进行游戏活动，并在游戏过程中始终用声音和视线关注幼儿。其次，要考虑场地划分的合理性和材料取放的有序性。在开展自主游戏之前，教师应该先对场地进行全面规划和分析。准备划分哪些区？周围环境应该怎样利用？要投放什么辅助材料可以引发幼儿自主游戏？这些都是要考虑的问题。最后，要考虑幼儿游戏的愉悦性。在自主游戏中我们要考虑游戏的愉悦要素，积极联系幼儿的生活实际，捕捉幼儿自主游戏的亮点，结合幼儿的游戏兴趣，创造有利条件来满足幼儿游戏的实际需要，从而提高幼儿游戏水平，让幼儿在自主游戏中享受快乐，获得发展。①

二、游戏时间

充足的自主游戏时间是保障幼儿自主游戏顺利开展的基础。华东师范大学的华爱华教授在做《关于幼儿园户外游戏的实践与思考》的主题报告时提出：幼儿

① 兰忠华．浅谈户外自主游戏环境的创设[J]．课程教育研究，2016(026)：24.

园户外空间的功能定位应当是“游戏场”，而不仅仅是“运动场”，充分的户外自主游戏时间，是保证儿童体质和健康发展的重要条件。每天应为幼儿提供连续不少于一小时的自主游戏时间，充分创造条件让幼儿进行自主游戏。游戏时间往往是反映游戏水平的一个指标，幼儿如果能长时间地坚持一种游戏，说明游戏是有吸引力的。如果没有足够的游戏时间，幼儿还没有进入游戏的想象情节和互助合作阶段就被教师宣布结束，这样的游戏既不能使幼儿尽兴，幼儿的游戏水平也不能得到提高。

游戏时间包括幼儿每天的活动时长和在某一个区域活动的连续天数。据广东省育才幼儿园二院的户外自主游戏经验，每个班每天自主游戏时间为一小时，在每一个区域的持续游戏时间一般为两周。

三、游戏材料

材料的提供是开展游戏和评估游戏质量的关键。游戏材料的数量、种类、性质都是直接影响幼儿游戏行为的重要因素。有什么样的材料，幼儿就会开展什么游戏。游戏材料过多或过少都会制约或影响幼儿游戏的发展——过少的游戏材料使幼儿游戏得不到充分的展开和深入，过多的游戏材料又会减少幼儿与材料、同伴的互动。因此，创设适宜的游戏条件，为幼儿提供感兴趣的、适合年龄特点的、促进幼儿学习发展的玩具材料，让幼儿在自主选择中与各种玩具材料发生交互作用是保证幼儿自主游戏有效开展的关键。

“大自然、大社会都是活教材。”游戏材料的提供并不是一成不变的，而是一个根据幼儿需求不断变化的动态过程。教师在观察和了解幼儿游戏需求的基础上，提供适宜的游戏材料，适时地增添新的游戏材料，促进幼儿的深入探究。同时，游戏材料的提供还要考虑到安全卫生问题，应主要以低结构材料为主，尽量选用原始材料和可以充分循环利用的废旧材料，这样既符合生态环保理念，又能让幼儿在与自然材料的积极互动和相处中开动脑筋、大胆创想，实现在游戏中的深度学习。低结构化的场所，通过自然生态的环境和丰富的材料为幼儿提供了更广阔的游戏空间，幼儿的主动性、创造性、合作性得到了最大的发展。例如，幼儿可以利用斜坡将木板打造成滑梯，利用各种管道玩小球滑梯游戏，用轮胎打造秋千等；又如，旧的锅碗瓢盆在种植园中被幼儿用来玩过家家的游戏，在音乐创意区玩打击乐的游戏，变废为宝、物尽其用。不同坡度的山坡、茂密的树林、神秘的山洞和高高的大树为幼儿的爬树活动提供了条件，幼儿可借助不同的工具进行爬树或光着脚丫爬树，通过触觉体验树的表面特征，体验到原来光脚可以增加摩擦力，在与自主游戏材料的互动中打开探索科学知识的大门。

四、游戏支持

在自主游戏中，教师要树立正确的游戏观和儿童观，把游戏的权利还给幼儿，鼓励幼儿自主确定游戏内容、游戏材料和同伴，并按照自己的想法进行游戏。教师是幼儿游戏的参与者、观察者、引导者，也是幼儿的伙伴，教师在观察的基础上，为幼儿游戏的推进提供新的材料支持和经验支持，结合游戏的生长点生成教学活动，不断支持幼儿的发现与探索，推动游戏向更高的水平发展。

在幼儿游戏中，教师对幼儿游戏的观察是游戏支持的第一步，游戏观察和分析幼儿的游戏行为是教师在自主游戏中的主要任务。教师应用心观察幼儿的游戏行为，分析游戏活动中幼儿的兴趣、已有经验及解决问题的能力，捕捉可发展的学习契机等(如通过观察，发现幼儿对什么感兴趣，为什么会感兴趣；分析幼儿的经验水平；观察幼儿对游戏的投入程度，可以持续游戏的时间；记录幼儿与同伴之间合作游戏的情况等)。

教师对幼儿游戏的介入前提是理解幼儿游戏行为反映的发展信息，为幼儿提供顺应其游戏需要的生成式回应。这种回应不能强加教师的游戏意图或外在目的，不能使幼儿丧失游戏的自由。教师要学会保持沉默，学会观察和等待，只有当幼儿的自主游戏探究遇到问题时，教师才适时介入，给予支持和引导，使幼儿活动的兴趣得以保持和延续。① 游戏中教师要时刻关注幼儿的游戏情况，发现安全问题需要马上介入，也可以以提问的方式适时介入，不直接给予答案，引导幼儿发现问题，找出问题原因；对于低龄幼儿，或个别能力弱的幼儿，教师可以以游戏同伴的身份参与游戏，并在适当的时候退出游戏。教师参与游戏并非主导幼儿的游戏，而是以不干扰幼儿游戏为前提，以不破坏幼儿游戏的兴趣和游戏的发

---

① 彭茜．幼儿园游戏化课程的理论与实际[M]．广州：广东高等教育出版社，2018.

展为原则，以让幼儿获得游戏体验，促进幼儿游戏水平的提升。①

在游戏中，教师需要具备一定的观察、记录和分析的能力。用合适的方法观察、记录幼儿在游戏中的表现，尽量不干预正在积极探索和操作的幼儿，对有需要的幼儿给予回应和支持。可借助手机、iPAD、摄像机以照片、视频的形式进行记录，真实地反映幼儿的游戏过程，经过整理，并配上一定的文字，记录幼儿游戏水平的提升情况。记录时要注意写清楚时间、人物(含人数)、幼儿的姓名及年龄、区域地点、持续时间等，记录可采用轶事记录法，再加上教师的游戏点评或反思。

五、自主游戏活动开展的注意事项

《指引》确立了自主游戏在幼儿园一日生活中的重要地位，明确指出自主游戏活动的意义和作用，能够满足幼儿的个体需要，促进幼儿在自发、自主、自由的活动中发展想象力、创造力、交往合作能力及提升好奇探究的品质。在自主游戏活动的开展中应注意以下问题：

(1)尊重幼儿游戏的自主权，营造宽松安全的游戏氛围。

(2)关注幼儿游戏进程，根据游戏的发展及时增减游戏材料、调整游戏空间，并对幼儿在游戏中出现的问题给予适宜的帮助。

(3)根据幼儿的兴趣灵活调整游戏时间。

(4)观察游戏中幼儿与同伴的游戏情况，当发生矛盾冲突时鼓励幼儿自行协商解决。

(5)用合适的方法观察、记录幼儿在游戏中的表现，尽量不干预正在积极探索和操作的幼儿，对有需要的幼儿给予回应和支持。

(6)教师应及时捕捉幼儿在自主游戏中的兴趣点，顺应其探索需求，生成一些有价值的课题，进而进行主题探索学习，最大限度地挖掘游戏的教育价值。

(7)游戏结束后，创设条件来鼓励幼儿用多种方式分享游戏经验，鼓励幼儿把对游戏的理解通过绘画的形式表达出来。

(8)搜集的有关游戏的材料可作为班级环境创设的资源。

---

① 陈美菊．教师介入幼儿游戏的支持性策略[J]．今日教育：幼教金刊，2016(09)：30-31.

第四节 学习活动的安排与指导

学习活动是丰富和平衡幼儿经验，满足幼儿在各个发展时期成长需要的重要途径。在学习活动中，教师采用游戏、谈话、实验、操作、实地参观、听赏、表演等多种方式，有目的、有计划地引导幼儿通过直接感知、实际操作和亲身体验获取经验，引导幼儿逐步养成积极主动、认真专注、敢于探究和尝试、乐于想象和创造等良好学习品质；同时，帮助幼儿建构认知结构，让幼儿的学习逐渐趋向于“最近发展区”。

作为学前教育的指导性文件，《指南》从健康、语言、社会、科学、艺术五个领域描述了幼儿的学习与发展。每个领域按照幼儿学习与发展最基本、最重要的内容划分为若干方面。在开展学习活动时，我们要把握各领域的核心价值和核心经验，设置适宜的活动目标，科学施教，促进幼儿身心各方面协调发展。在幼儿园中，学习活动的主要组织方式有集体教学活动、小组学习活动和个别化学习活动三种。

一、集体教学活动

上课即组织集体教学活动。上课，对于教师来说是最基础的技能要求，“上好一节课”是每一个幼儿园教师的基本素养。那么什么样的课是好课呢？对于幼儿园教师来说，一节好课必须具备三个条件：一是游戏性的体验，二是幼儿感兴趣，三是幼儿能从中得到发展。幼儿是最喜欢玩游戏的，让幼儿在“游戏中学”才符合他们的认知特点，幼儿感兴趣了，他们才会积极参与。而教师上课的目的就是要促进幼儿某一或某些方面的发展，只有幼儿在这节课中获得了预期的成长，这节课的目的才算达到了。所以，游戏性的体验+幼儿感兴趣+幼儿能从中得到发展=一节好课。

（一）选课

一节好的课，教学内容的选择非常关键，选择合适的教学内容是一项复杂而重要的工作，因为这是“一项兼有认识论、价值哲学和教学法特点的活动，它主要在于根据各个层次或年级的特定目标恰当地选择和组织信息”①。因此，要把《指南》中的目标要求作为选择教学内容的重要依据。此外，还要考虑幼儿的年龄特点和已有经验，选择的内容要能调动幼儿的已有经验，激发其探索的热情，使其通过活动获得新的经验，获得新的发展。

选课要遵循的基本原则是要选择能促进幼儿向“最近发展区”发展的课。“最近发展区理论”是苏联心理学家维果茨基提出的，他认为学生的发展有两种水平：一种是学生的现有水平，指独立活动时所能达到的解决问题的水平；另一种是学生可能的发展水平，也就是通过教学所获得的潜力，两者之间的差异就是“最近发展区”。教学应着眼于学生的“最近发展区”，为学生提供带有难度的内容，调动学生的积极性，发挥其潜能，使其超越“最近发展区”而达到下一发展阶段的水平，然后在此基础上进行下一个发展区的发展。

(二)幼儿园教学活动组织

幼儿园教学活动组织如图 3-1 所示：

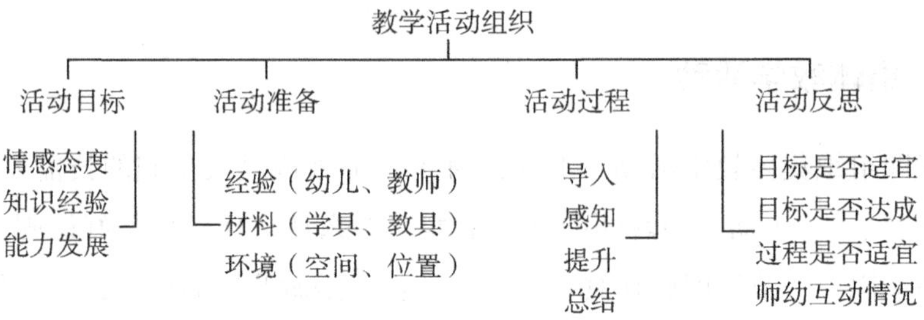

图 3-1 幼儿园教学活动组织

1. 活动目标

活动目标是指教学活动实施的方向和预期达成的结果，是一切教学活动的出发点和最终归宿。我们要考虑制定目标的角度，可以从教师的角度出发制定教师教育目标，也可以从幼儿的角度出发制定幼儿发展目标。当今的教学活动设计更

① ［伊朗］S. 拉塞克，等．从现在到 2000 年教育内容发展的全球展望［M］．马胜利，等，译．北京：教育科学出版社，1996：124.

加提倡从幼儿的角度出发制定发展目标。

(1)目标角度。

①教师的角度：教育目标。

常用词汇："教师"激发、培养、引导、提升、鼓励、指导、教育等。

②幼儿的角度：发展目标。

常用词汇："幼儿"学习、了解、感知、乐意、喜欢、尝试等。

(2)目标维度。

目标分三个维度，即情感态度目标、知识经验目标、能力发展目标。制定目标的精确度非常重要，也就是制定的目标必须要有明确的指向，非常具体地指向本次教学活动所要达到的教学效果，通过目标可以体现这节课教师想让幼儿获得哪些方面的发展，目标切忌太空太泛。

①情感态度目标：即幼儿在本次活动中需要展现的态度和兴趣。

常用词汇：喜欢、乐意、愿意、感受、体验、萌发、主动、积极、大胆。

②知识经验目标：即本次活动中，要让幼儿认知或者感知哪些具体的知识经验。

常用词汇：了解、理解、讲述、学习、知道、懂得、尝试、认识、欣赏。

③能力发展目标：即在本次活动中，幼儿某方面的学习习惯、学习行为或技能需要获得的发展。

常用词汇：能、会、讲述、观察、猜测、分析、推理、预测、验证。

(3)重点、难点目标要分明。

①教学重点：指教学活动中最基本的、最关键的、最重要的中心内容，是课堂结构的主要线索。

②教学难点：是从幼儿实际出发，幼儿难以理解或领会的内容，较抽象或较复杂、较深奥。

2. 活动准备

(1)经验准备。

①教师的知识经验准备。

在上课前，教师要对所上的课的内容熟悉，并且对于其中所包含的知识点要有清晰的认知，对于模糊或者不懂的知识盲点要及时查阅各种资料，弄懂弄会。

②幼儿的知识经验准备。

在上课前，教师要了解幼儿的已有知识、经验，清楚对于本节课所要达到的目标，幼儿是否有前期的知识经验铺垫，如果没有，则应调整自己上课的目标，或在上课前对幼儿进行相关知识、经验的介绍。

(2)材料准备。

材料准备是关于物质材料的准备，包括上课的课件、音乐、教具、学生操作的学具等。

(3)环境准备。

环境准备是关于环境场地的准备，主要涉及幼儿上课时座位的布局，对于不同领域的活动幼儿的座位方式也会不同，有条件的幼儿园可以到特定的场所进行上课，如音乐活动到音乐室，科学活动到科学室等。教师应根据活动的需要考虑场地，“大自然就是最好的课堂”，如认识花草树木的活动，就要尽量把课堂搬到户外自然场地中进行。

3. 活动过程

活动过程一般包括导入、感知、提升和总结四个环节。常见的活动导入方式有游戏导入、故事导入、谈话导入、观察图片和视频导入等。一个好的活动导入，可以吸引幼儿的注意力，激发幼儿的兴趣和好奇心，使幼儿在好奇心的驱使下积极地投入学习活动中，也可以为接下来的教学活动做铺垫。但是任何导入都必须要满足的一个条件就是一定要符合本次教学活动的目标，所以教师要根据自己组织的教学活动的实际情况进行选择。

在五大领域活动具体实施过程中，各领域的活动流程存在着一定的差别。

(1)健康活动(体育课)一般包括四大基本环节：①幼儿在教师的带领下活动身体，进行热身运动。②教师进行新动作的示范，幼儿学习新动作。③幼儿通过游戏练习新动作，并进行巩固。④幼儿在教师的带领下进行放松活动。

【课例1】

大班体育活动：快速停球

活动目标：

(1)学习足球停球的基本方法。

(2)提升控球能力，增强灵敏协调能力。

(3)积极参与体育活动，体验足球游戏带来的乐趣。

活动准备：

(1)器材准备：足球(人手一个)、标志杆(4支)、音响设备。

(2)场地准备：大操场(课前检查)。

活动过程：

1. 开始部分

(1)热身操：快乐向前冲。

幼儿跟随音乐进行热身操活动，操节内容包括足球运球的基本动作(徒手状态下)、从上到下的全方位关节活动。

(2)控球练习。

幼儿进行原地控球练习(原地搓球、左右脚横拉球、左右脚原地推球)。

2. 基本部分

(1)探索阶段——听信号停球。

玩法：幼儿在规定区域内听音乐进行带球，当音乐停止幼儿用自己的方法迅速将足球停住。

(2)学习阶段——学习停球的方法。

玩法：教师示范动作，幼儿练习，让幼儿学习球场中常见又实用的停球方法：脚底踩球停球、脚后跟拦截球后停球、反方向脚底停球。

(3)巩固阶段："闪电截球"。

玩法一：教师将球向前抛出，幼儿利用所学方法迅速跑出将球停住。

玩法二：幼儿自行将球踢或抛出去后，听教师哨子声响，迅速出发将球停住。

3. 结束部分

随着音乐律动放松，按压放松关节肌肉：揉揉肩膀、抖抖手、抖抖脚、拍拍大腿小腿肌肉。幼儿协助教师收拾、整理器材。

(2)科学活动一般包括四大基本环节：①教师引发兴趣，提出任务。②教师提出问题，激发探索愿望。③教师布置任务，幼儿操作探索。④小结、讨论交流、提出新要求。

【课例 2】

中班科学活动：谁在水里不见了

活动目标：

(1)体验实验探究的乐趣，愿意和教师、同伴分享自己的发现。

(2)通过动手操作，了解有的东西会溶解在水里，有的不会。

(3)尝试进行实验操作，并能注意观察实验中的现象。

活动准备：

(1)经验准备：初步感知物质在水中溶化的现象。

(2)物质准备：每人一杯温水、一根搅拌棒、白砂糖、盐、米、沙子、小石头、抹布若干(每人一份操作材料)、一张大记录纸。

活动过程：

1. 幼儿认识材料，激发实验兴趣

教师出示白砂糖、盐、米、沙子、小石头，让幼儿通过看一看、摸一摸，认识实验材料。

师：今天，我给你们带来了几样小礼物，看看它们是什么？

2. 教师提出问题：谁在水里不见了

引导幼儿发现问题：有的东西会溶解在水里，有的不会。

师：今天，这几样宝宝要和我们玩捉迷藏的游戏，请它们藏到水里面会怎样呢？(教师同时放白砂糖和沙子进水里)引导幼儿进行观察。

3. 小实验：谁在水里不见了

师：你们觉得哪些宝宝在水里会不见了？哪些还会看得见？

(1)幼儿独立思考，进行猜想，交流讲述，到集体记录板上记录猜想结果。

(2)教师介绍实验材料，交代实验步骤，请个别幼儿示范实验。

师：请小朋友们选择材料，放在水杯里，用搅拌棒搅拌一下，看一看发生了什么？

(3)幼儿将白砂糖、盐、米、沙子、小石头分别投入水中，观察谁在水里不见了。

4. 教师在大记录纸上记录结果，幼儿交流分享

师：大家的实验做完了，哪些材料在水里不见了呀？它们到哪里去了？有谁愿意说一说自己的发现？

教师小结：我们发现白砂糖、盐放在水里慢慢会消失，溶解在水里了，而米、沙子、小石头则不会溶解在水里。

(3)数学活动一般包括四大基本环节：①教师创设情景导入，复习已学的知识点。②教师进行演示操作，引出新知识点。③幼儿分别进行操作，巩固新知识点。④教师点评操作情况，巩固新知识点。

【课例3】

小班数学活动：学习5的分解

活动目标：

(1)体验数学游戏活动的有趣和快乐。

(2)引导幼儿在探索、游戏活动中，发现5的分解有四种分法。

(3)发展幼儿与同伴合作的能力，学习边操作边记录。

活动准备：

动物头饰各5个，写有字母的彩色地垫若干，颜色规律邀请信、彩色珠子、果汁先生瓶子、数量为5的实物玩具若干，不同水平记录卡若干，贝壳、篮子、纸球、矿泉水瓶子若干。

活动过程：

1. 导入活动

小动物们收到一封邀请信，参加狮王的生日会。只要走ABCABC规律的小路，就可以顺利到达森林王国。(复习ABCABC规律排序)

2. 集体活动：学习5的分解

集体游戏：大灰狼和小动物

有5个小动物没有找到正确的道路，不小心遇到了凶狠的大灰狼，幸亏有两个洞可以躲起来。每次大灰狼出现，小动物就随机躲进两个洞里。幼儿进行多次游戏，教师记录游戏结果。总结5的分解法：5可以分成1和4、2和3、3和2、4和1。

3. 小组操作，个别练习

第一组：两个瓶口对接的矿泉水瓶子里装了5颗珠子，幼儿通过摇一摇，让珠子随机分配到两个矿泉水瓶子中，并记录珠子的数量。

第二组：送小动物回家，每个小朋友将5只小动物分成两组，记录自己的分法。

第三组：填补画面空缺数字。

4. 结束活动

教师点评幼儿的操作情况，并请每一组的一个幼儿演示自己的操作过程，并用语言描述自己的发现。

(4)音乐活动中的歌唱活动一般包括四大基本环节：①导入活动激发兴趣，完整呈现歌曲。②教师带领幼儿理解歌词内容。③教师引导幼儿学习演唱歌曲。④幼儿完整演唱并进行自由表演。

【课例4】

小班音乐活动：两只小鸟

活动目标：

(1)喜欢音乐活动，体验歌曲表演的乐趣。

(2)熟悉歌曲的旋律，尝试借助双手扮演小鸟进行歌曲表演。

(3)理解歌词的内容，学习演唱歌曲。

活动准备：

多媒体课件、音乐。

活动过程：

1. 导入活动

“天气真好，老师带领小朋友出去郊游啦！听一听，树上有两只小鸟在唱歌，让我们一起听一听它们在唱什么吧！”教师播放完整的歌曲，幼儿欣赏。

2. 教师提问歌曲内容，帮助幼儿理解歌词。

师：有几只小鸟？它们叫什么名字？它们在干什么？

生：两只小鸟坐在大树上，一只叫叮叮，一只叫咚咚。两只小鸟在玩游戏。

3. 学习演唱歌曲。

教师一边唱歌一边用双手做动作，扮演小鸟。

(1)教师重复歌曲和动作，让幼儿跟着一起做。

(2)播放伴奏音乐，教师带着幼儿一起做。

4. 幼儿表演唱歌，同伴互相欣赏。

幼儿用动作表现不同的场景，尝试跟着教师一起唱出歌词。

5. 放松活动：小鸟归巢

跟着音乐一起自由飞，飞过高山，飞过山坳，飞回自己家休息啦。

(5)语言活动一般包括四大基本环节：①导入活动，引出活动的主题。②教师完整讲述故事，再通过提问，帮助幼儿理解故事。③在说一说、玩一玩中让幼儿练习重点句式。④小结活动情况，提升对教育内容的认识。

【课例5】

小班语言活动：好饿的小蛇

活动目标：

(1)积极向同伴表达自己的发现，体验集体活动的快乐。

(2)学习用“我喜欢吃××的××”的句式来表达水果的特征。

(3)理解绘本故事，学习创编故事。

活动准备：

《好饿的小蛇》绘本PPT、水果模型和图片。

活动过程：

1. 导入活动，引发兴趣

好饿的小蛇出来了，教师在手上套上袜子，扮演小蛇吃水果。

2. 展示绘本故事，介绍故事情节

教师一边播放PPT，一边讲故事，完整展示故事内容。

师：好饿的小蛇找到东西吃了吗？它都吃了些什么呢？它是怎样吃东西的？

根据教师的问题，幼儿回答问题。

3. 游戏：我是小蛇

幼儿扮演小蛇去吃自己喜欢的水果，自选水果，选中一个水果要说出它的特征，学习用“我喜欢吃××的××”的句式来表达水果的特征，假装把它吃掉，把吃掉的水果放入自己的篮子里。

句式如：我喜欢吃大大的红色的苹果。教师鼓励幼儿把形状、大小、颜色说出来。

4. 分享小蛇吃水果的快乐，积极表达自己的快乐

教师结合生活实际，教育幼儿进餐时要细嚼慢咽，知道吃东西不挑食。

(6)社会活动一般包括四大基本环节：①教师引出话题，进行导入。②创设情景，引发讨论问题。③幼儿进行讨论，分享自己的看法。④教师做出小结，增加幼儿经验。

【课例6】

中班社会活动：迷路的小花鸭

活动目标：

(1)体验帮助他人带来的快乐。

(2)学着同情、关爱迷路的小花鸭。

(3)积极想办法帮助小花鸭找到妈妈。

活动准备：

音乐、魔法棒、小花鸭头饰、花鸭妈妈头饰、黄色披肩

活动过程：

1. 导入活动，遇见迷路的小花鸭

“小朋友们春游，忽然，传来一阵哭泣的声音，是谁啊？(请一位教师扮演迷路的小花鸭)呜呜呜，原来是一只小花鸭，它为什么哭啊？”请幼儿认真听小花鸭诉说迷路的遭遇。

2. 讨论：如何帮助小花鸭找妈妈

(1)学习关爱小花鸭。

看到伤心的小花鸭，幼儿先用自己的语言安慰小花鸭。

(2)有什么好办法可以帮助小花鸭找到妈妈。

先了解小花鸭在哪里迷路的、鸭子的家在哪儿，请鸟妈妈帮忙送信给鸭妈妈，打电话给森林警察，等等。

幼儿进行讨论，并发表自己的意见。

3. 送小花鸭回家

大家选择一个认为最好的方法，把小花鸭送回家。

师：你们帮助小花鸭找到妈妈，你们的心情是怎样的呀？

4. 分享与交流

鸭妈妈一家感谢帮助小花鸭的小朋友们，并提醒小朋友们出门要跟紧妈妈别乱跑。

(7)美工活动一般包括四大基本环节：①欣赏作品，进行导入。②教师进行示范，激发参与美工活动的兴趣。③幼儿进行创作，教师指导。④作品展评，同伴或教师进行点评。

【课例 7】

小班美工活动：美味的“汉堡包”

活动目标：

(1)鼓励幼儿发挥创意，体验创作“汉堡包”的快乐。

(2)了解汉堡包的基本构造，能用撕出的纸条拼贴出“汉堡包”的馅料。

(3)学习用两手握纸张沿相反方向撕开的方法撕出各种形态的纸条。

活动准备：

大小和颜色不同的彩纸、固体胶、操作纸、黑色记号笔、各种汉堡包图片。

活动过程：

1. 导入活动，引发幼儿的创作兴趣

师：小朋友们，你们知道汉堡包是什么样的吗？你们吃过什么馅的汉堡包？

2. 欣赏各种汉堡包图片

师：你们看看，这是什么样的汉堡包？有什么馅料？面包上面还有什么？

3. 出示材料，讨论撕贴方法

教师示范撕纸的方法，并引导幼儿正确操作：

(1)双手同一水平持纸，一手向前一手向后撕开纸张。

(2)先拼后贴。

(3)正确使用固体胶和记号笔，不争抢材料。

4. 幼儿操作，教师巡回指导。

幼儿粘贴好后，发挥创意，简单装饰“汉堡包”，制作自己独特的“汉堡包”。

5. 结束部分，作品欣赏、评价

鼓励幼儿介绍自己的作品，请他们说一说觉得谁的“汉堡包”最好吃，为什么。

4. 活动反思

每次活动结束后，教师都需要对这次活动进行反思，上课的效果如何？好在哪里？问题出在哪里？如何改进？这些都将成为宝贵的个人经验。具体的活动反思需要从四个方面进行：首先要反思自己的目标是否适宜，是否处于幼儿的“最近发展区”；其次要反思目标是否达成，即通过这次活动，幼儿是否在情感态度、知识经验和能力发展方面获得了发展；接着要反思整个活动组织过程是否适宜，过程是否流畅、符合逻辑，是否能始终吸引幼儿的兴趣，让幼儿沉浸其中，有没有出现预料之外的情况，自己的处理是否合适等；最后要反思师幼互动情况，在教学活动中，幼儿的实际反应与教师的预设情况出现冲突时教师的处理能力如何？有没有顺应幼儿的需求，及时灵活地调整自己的策略？等等。

二、小组学习活动

小组学习活动是指根据幼儿发展水平、教育内容、材料等情况的不同，将幼儿分成若干小组进行活动的一种活动形式。幼儿园常见的小组学习方式是分组教学活动与功能室活动，通常把全班幼儿分成两个小组，每个小组由一名教师组织和指导。两个小组的活动一般是同时或轮流进行的。相较于集体活动，小组学习活动因为小组人数较少，使得幼儿的表现机会增多，教师对幼儿关注的广度更加宽阔，指导更加深入，能让小组活动的学习质量得到保证。

(一)分组教学活动的设计与指导

在幼儿园教学组织形式中，分组教学同集体教学一样占有重要地位。分组教学不仅可以有效地解决集体教学难以解决的因材施教的问题，而且为幼儿的合作学习提供了良好的条件。同时，分组教学也为教师创造了更好的与幼儿互动交流的机会，让教师有更多的时间关注幼儿的个别发展，更精准地把握幼儿的“最近发展区”，提高教学质量。活动的设计是教师组织分组活动的前提，活动设计的质量也会直接影响幼儿学习经验的有效获得，在进行分组教学活动设计时应体现以下原则：

1. 有明确具体清晰的活动目标

小组活动的目标既要考虑幼儿的实际水平，也要具有一定的教育目的，从幼儿的“最近发展区”出发，设计每次活动的目标，目标要具体、明确、操作性强，利于引领活动过程的开展和评价过程的进行，但并不是要求所有的幼儿都达到某一个相同的水平。对于个别能力较弱的幼儿，可降低要求或做适当调整。

2. 为每个幼儿提供可以自己操作的活动材料

活动材料应体现高、中、低三级层次水平，活动方式应考虑不同年龄幼儿的发展水平，照顾不同能力层次幼儿的操作学习。特别是在科学和数学活动中，应以幼儿的自主操作与探索活动为主；在语言活动中为幼儿创设充满情境性的场景，引发幼儿的主动参与和体验。

3. 活动要有联系性与重复性，同时具备适宜性与灵活性

联系性是指各领域知识之间是有机结合的，每次活动都是在幼儿已有经验上的有序提升；重复性是活动有利于幼儿巩固和练习，并得到逐步提高，呈现一种螺旋上升的发展形势；适宜性是考虑到幼儿的发展需要与接受能力；灵活性是根据活动实施情况进行灵活调整，以使活动朝着更有利于幼儿发展的方向进行。

4. 处理学科知识体系的内在逻辑与幼儿认知、能力发展规律之间的关系

基于《指南》中教育目标的要求，制定幼儿发展目标，在活动内容与活动方式的选择上要考虑到不同年龄阶段幼儿的身心发展情况，根据幼儿认知、能力等方面的发展规律设计相应活动，做到小步递进、由易到难、逐步提升。

5. 给予幼儿探索的空间

教师应允许幼儿的试误行为，接受幼儿在不同类型活动中所表现出来的不同能力水平。在小组学习活动中，教师可以有更多的精力照顾所有的幼儿，把握每个幼儿在不同方面的发展情况，有利于教师根据每个幼儿的具体情况，给予针对性的指导。在小组学习活动中，教师要给予幼儿自由探索的空间，并允许幼儿尝试、出错，接受不同幼儿表现出的不同能力水平，也接受同一幼儿在不同类型活动中的不同能力表现，关注并尊重幼儿的个体差异性。

（二）功能室活动的设计与指导

幼儿园功能室是幼儿园开展活动的重要场所，功能室材料丰富，让幼儿有充分的操作空间。为了保证功能室活动开展的质量，在进行功能室活动时，一般也会采取分组的方式，不同小组的幼儿轮流进行。功能室分组活动一般遵循以下原则：

1. 教师示范与幼儿操作相结合，以幼儿自主操作为主

幼儿园为功能室活动的开展创设了特定的活动环境与丰富的活动材料，为幼儿活动创设了良好的物质条件。在开展功能室活动时，针对新授课，教师一般首先会向幼儿讲解活动知识、示范操作方法，之后由幼儿自主操作。在幼儿自主操作的过程中，教师应遵循幼儿自主发展的原则，鼓励和启发幼儿自主选择与使用

游戏材料，给幼儿自主想象、自主活动的权利。①

2. 观察与个别指导相结合，注重个别指导的质量

华爱华教授说："观察是指导幼儿的前提。"幼儿在小组内进行同一操作活动，为教师观察和了解幼儿提供了有利条件，也便于教师把握不同幼儿的个体差异，并给予针对性的指导。皮亚杰强调幼儿通过自己的操作来学习和获得直接经验，手部的操作同时体现了内部思维的发展，因此教师的观察不能仅停留在幼儿手部操作，更要透过现象看本质，深入把握幼儿的思维发展。教师对幼儿的指导要更多地注重个别指导，针对不同幼儿的情况给予帮助和支持，促进幼儿的个别化发展。教师可通过"观察—评价—分析—指导"对幼儿的学习活动产生直接影响。

3. 灵活使用多种分组方式，组织好小组间的换组环节

分组的方式不是固定和一成不变的，可根据幼儿发展水平、活动内容等进行灵活分组，使幼儿在小组活动时有更多的机会与不同的同伴进行交往和交流，以获得不同的经验。功能室活动一般是小组轮流进行，那么在活动过程中教师应组织好小组间的换组环节，一般采用集体换组和自由换组两种方式。集体换组即小组成员整体轮换，自由换组则是幼儿根据自己的意愿选择是继续抑或变换活动内容，加入别的小组。

三、个别化学习活动

个别化学习活动是教师根据每个幼儿现有的发展水平，寻找"最近发展区"，创造相应条件使每一位幼儿获得主动发展的一种教育活动形式。个别化学习活动能最大限度地激发幼儿学习的主动性和自主性。在个别化学习活动中，幼儿园区域活动是一种有效的活动方式，也是促进幼儿个性化发展的重要途径。

所谓区域活动或活动区活动，指的是这样一种活动形式：教育者以幼儿感兴趣的活动材料和活动类型为依据，将活动室的空间划分为不同区域，让幼儿自主选择活动区域，在其中通过与材料、环境、同伴的充分互动而获得学习与发

① 豆玉梅．幼儿园功能室开展活动的指导策略[J]．吉林教育，2016(018)：155.

展。① 在区域活动中，幼儿主动操作、积极探究，不断丰富知识、建构个体知识经验，同时也提升了自主、专注、探索等学习品质。区域活动是幼儿园采用的一种积极的、以儿童为中心的、分布式和个别化相结合的教育教学形式，同时也是幼儿一种重要的自主活动形式。② 更加关键的是，区域活动的组织和实践挑战了以课堂集体授课和分科教学为主的传统幼儿园教学方式，“是一种尊重每一个儿童的学习进度、学习风格和学习节奏的教学方式”③。

常见的活动区域设置与教育功能如下：

(1)生活区：主要功能是通过各种生活模仿性操作与练习，发展幼儿的编、系、扣、穿、夹等基本生活操作能力。

(2)语言区：主要功能是通过对图书、图片、头饰、手偶等物品的观察、操作、拼摆、讲述等活动，发展幼儿的观察能力和语言表达能力。

(3)美工区：主要功能是通过撕、贴、剪、画、捏、做等美术操作表现活动，发展幼儿的动手操作能力及欣赏美、表现美和创造美的能力。

(4)音乐区：主要功能通过唱歌、跳舞、感知节奏、音乐游戏、表演等形式，提升幼儿对音乐作品的理解、表达、创造能力，提升个人的音乐素养。

(5)科学区：主要功能是通过各种科学小游戏及小实验操作活动，激发幼儿的好奇心，培养科学探究及动手操作等能力。

(6)数学区：主要功能是通过点数、对应、排序、分类等形式，使幼儿建立正确的数概念，提高数理逻辑思维能力和解决现实生活中数学问题的能力。

(7)观察区：主要功能是通过参与各类种植活动，观察、记录小植物生长和科学饲养小动物的过程，提升对动植物生长的经验认识。

(8)建构区：主要功能是通过垒高、平铺、围合等技能的运用，发展幼儿的空间建构能力，培养幼儿的空间知觉，促进想象力、动手操作能力及交流合作能力的发展。

(9)益智区：主要功能是通过拼图、棋类、穿珠等活动，提高幼儿小肌肉动

---

① 冯晓霞．幼儿园课程[M]．北京：北京师范大学出版社，2001：259.

② 杨宁．幼儿园区域活动的多元化探索[J]．教育导刊，2016.

③ 霍力岩，齐晓恬．区域活动的本质特征[J]．幼儿教育，2009(Z1).

作的协调能力，发展幼儿的观察、分析、推理能力。

(10)角色游戏区：主要功能是通过扮演角色，使幼儿模仿各种社会活动，有助于幼儿学习各种社会性行为，发展交往能力，培养幼儿的主动性、独立性和创造性，促进幼儿社会性的发展。

【思考题】

试述幼儿园一日活动的主要内容有哪些。

【参考文献】

[1]中国教育部．3—6岁儿童学习与发展指南[EB/OL]．http://www.moe.gov.cn/srcsite/A06/s3327/201210/t20121009_143254.html.

[2]中国教育部．幼儿园教育指导纲要(试行)[EB/OL]．http://old.moe.gov.cn/publicfiles/business/htmlfiles/moe/moe_19/201001/81984.html.

[3]广东省教育厅．广东省幼儿园一日活动指引(试行)[EB/OL]．http://zwgk.gd.gov.cn/006940116/201512/t20151231_636549.html.

[4]陆丽梅．幼儿园户外体育大循环活动的实践与探索[J]．教师博览(科研版)，2016(02)：81-82.

[5]兰忠华．浅谈户外自主游戏环境的创设[J]．课程教育研究，2016(026)：24.

[6]彭茜．幼儿园游戏化课程的理论与实际[M]．广州：广东高等教育出版社，2018.

[7]陈美菊．教师介入幼儿游戏的支持性策略[J]．今日教育：幼教金刊，2016(09)：30-31.

[8][伊朗]S. 拉塞克，等．从现在到2000年教育内容发展的全球展望[M]．马胜利，等，译．北京：教育科学出版社，1996：124.

[9]豆玉梅．幼儿园功能室开展活动的指导策略[J]．吉林教育，2016(018)：155.

[10]冯晓霞．幼儿园课程[M]．北京：北京师范大学出版社，2001：259.

[11]杨宁．幼儿园区域活动的多元化探索[J]．教育导刊，2016.

[12]霍力岩，齐晓恬．区域活动的本质特征[J]．幼儿教育，2009(Z1).

第四章　幼儿园教育环境创设

导读

“花园式幼儿园”“城堡式幼儿园”“森林幼儿园”“田园式幼儿园”……从蒙台梭利理论、瑞吉欧理论、安吉尔理论到“学习故事”，每一种幼教理念最直观地呈现为幼儿园环境的创设。“环境是第三位老师”，“每一面墙会说话”，环境作为一种教育因素悄然引发着“孩子的一百种语言”，诗意栖居着幼儿教师的“童真”。幼儿的潜能在与周围环境的相互作用、积极对话中获得一次次的激发与碰撞，使幼儿逐渐走向成熟。思考幼儿、环境、发展三者的联系与互动问题是每一个幼教工作者的职业初心。《幼儿园教育指导纲要(试行)》中明确指出：“环境是重要的教育资源，应通过环境的创设和利用，有效地促进幼儿的发展。”“幼儿园空间、设施、活动材料和常规要求等，应有利于引发、支持幼儿与周围环境之间的相互作用。”环境的创设是幼儿园正常开展活动、促进幼儿全面发展的重要因素，环境“美”的价值属性易求，环境“教育”价值属性的认识、挖掘、创设贯穿幼教工作者整个职业生涯。2012 年，教育部颁布的《幼儿园教师专业标准》中，明确提出把“环境创设与利用”作为幼儿教师必备的七大专业能力之一。

第一节　幼儿园教育环境概述

一、幼儿园教育环境的概念

（一）环境

《辞海》对“环境”的解释包括：一是指环绕所辖的区域、周匝；二是指围绕着人类的外部世界，是人类赖以生存和发展的社会和物质条件的综合体。[①] 在《教育大辞典》中，“环境”的定义是在一定范围内围绕着个体并对个体产生直接或间接影响的各种因素的总和。这些因素既包括个体之外的自然因素和社会因素，也有个体自身的生理因素和心理因素。既有显性的、物化的成分，也有隐性的、非物化的成分，把握环境的概念，需要将两者有机结合，树立一种“大环境”观。

（二）幼儿园环境

幼儿园环境有广义和狭义之分，广义的幼儿园环境是指幼儿园教育赖以进行的一切条件的总和，它既包括幼儿园内部小环境，也包括与幼儿园教育有关的家庭、社会、自然、文化等大环境；狭义的幼儿园环境是指幼儿园中对幼儿身心发展产生影响的一切物质与精神要素的总和，它涵盖幼儿园的全体工作人员、幼儿、幼儿园房舍、设备设施、空间布局以及各种信息要素，是通过一定的教育制度与观念以及文化传统所组织、综合的一种动态的、有形与无形相结合的教育空间范围。[②] 总的来看，幼儿园环境中人、事、物因素并存，小环境与大环境相联系，物质要素与心理要素相结合。

在实际操作层面，幼儿园环境应具备五个方面的成分：①材料：要有丰富的、能适应不同幼儿发展需要的材料；②直接操作：幼儿要有操作、转换、组合

① 辞海编辑委员会．辞海[M]．上海：上海辞书出版社，1999：1519.

② 袁爱玲．幼儿园教育环境创设[M]．北京：高等教育出版社，2010：4.

材料的机会；③选择：幼儿应能自由地选择自己操作的材料与活动；④来自幼儿的语言：幼儿要有机会描述事物，表达自己的想法，以及幼儿之间能很好地交流；⑤来自成人的支持：教师应鼓励幼儿的选择与活动。①

(三)幼儿园教育环境

幼儿园环境之所以成为教育环境，其教育属性凸显是幼教工作者的匠心与聪慧。环境的教育属性不只是一种自然属性，更多的是人为属性，是教育主体(幼教工作者、幼儿、家长等)从纷繁的周边选取、识别并赋予环境因素以教育意义才得以产生的。从这个层面来说，“一切景语皆情语”，教育环境是环境与人之间建立一定的联系，实现教化功能的载体。当这种教育因素以物质或氛围、有形或无形等形式进入幼儿的活动视野，引发幼儿一系列行为或潜能变化时，幼儿园教育环境便产生了。从幼教工作者“有为”方面来看，幼儿园教育环境是教育者根据教育目标以及幼儿身心发展规律，着眼于幼儿全面发展而巧妙设计的“适宜”的教育条件。从顺从幼儿发展天性“无为”方面来看，教育环境开始于幼儿的神奇“发现”带来的经验变化，是一个积极主动建构并不断完善的系统。

幼儿园教育环境是由幼儿园各种物质器材、设备条件、制度环境、精神氛围等组成的综合的、动态的、教育的空间范围或场所。这种空间范围或场所，既是物质的，又是精神的；既是开放的，又是相对封闭的。不仅要受到特定的地理环境、空间方位的影响，还要受到特定的社会文化的影响。②

二、幼儿园教育环境的分类

根据不同的分类标准，幼儿园教育环境有不同的划分方法。

(一)从物质形态上看，可分为物质教育环境和精神教育环境

根据环境的广义与狭义之分，我们可以进一步将物质教育环境与精神教育环境做区分。广义的物质教育环境是指一切存在于幼儿周边，对幼儿教育产生正向

① 冯晓霞．幼儿教育应立足于儿童一生的可持续发展[J]．人民教育，2002(06)：25-26.

② 王卡兰．《幼儿园教育环境创设》实践教学[J]．文学教育(下)，2015(08)：152-154.

影响且以某一具体物质条件为载体的有形的物质因素之和，包括自然景色、人为建筑、花草树木、玩具教具、城市设计、乡土资源等。狭义的物质教育环境特指幼儿园内对幼儿发展有正面作用的各种物质条件之和，包括园舍建筑、园内设计、课室装饰、走廊门厅、功能室配置、材料投放等。

广义的精神教育环境泛指一切影响着幼儿发展的整个精神因素的总和，包括政治、经济、文化、科技、风俗习惯、生活方式、人际关系等。狭义的精神教育环境指幼儿园内对幼儿发展产生影响的一切精神因素的总和，主要包括幼儿园园所文化、教师的教育理念与儿童观、幼儿园人际关系等。

(二)从空间范围上看，可分为园外教育环境和园内教育环境

以幼儿园的地理位置为界线，超出幼儿园土地面积范围之外的称为园外教育环境，主要包括社会环境、社区环境、家庭环境等。位于幼儿园边界线以内的称为园内教育环境，主要包括幼儿园户外环境、室外环境和室内环境。其中户外环境指提供幼儿户外活动的区域，主要包括器械设备区、生态绿化区、操场、玩沙戏水区、种植区等；室外环境又称为公共区域环境，主要是指楼道、走廊、门厅等；室内环境主要指班级环境和公用室内场地，包括各种多功能室、礼堂等。

(三)从活动类型上看，可分为生活活动教育环境、游戏活动教育环境和学习活动教育环境

由于幼儿教育保教结合的特点，生活活动、游戏活动、学习活动并没有严格明确的区分，因此生活活动教育环境、游戏活动教育环境和学习活动教育环境也没有明显的界线，依靠当时幼儿所进行的主体活动而相对应存在。一般来说，进行如厕、盥洗、进餐、午休、饮水等生活教育活动的环境称为生活活动教育环境。提供一定材料、场地及指导幼儿游戏的环境称为游戏活动教育环境，可分为室外游戏区和室内游戏区。由于游戏是幼儿学习的主要方式，当幼儿在游戏中发生学习行为时，我们也可称这一场所为学习活动教育环境。

此外，根据有无实际载体，可分为有形教育环境和无形教育环境；从课程的结构和特征来分，可分为空间环境、组织制度环境和文化心理环境等。

三、幼儿园教育环境的功能

每次谈及幼儿园教育环境，“随风潜入夜，润物细无声”的情怀扑面而来。幼儿园教育环境不同于一般环境，需要从业者更加细腻用心地选择、创设、营造。以遵循幼儿身心发展规律、幼儿园教育目标为出发点，以培养身心健全、有爱的能力和处事本领的幼儿为归宿。从环境到发展，需要教育者有目的、有计划、有组织地将教育意图隐藏在环境中，等待着与幼儿进行对话，成为幼儿成长路上的朋友、引路人。环境对幼儿的影响是潜移默化的，具有渗透性、长期性、互动性等特点。

(一)物质教育环境的功能

1. 促进一日生活的正常开展

由于幼儿教育保教结合的特点，幼儿要在如厕、盥洗、午休、进餐等生活环节中逐渐掌握和巩固生活技能，培养自理能力。安全、舒适、可供幼儿生活的材料和设备能保证幼儿在园的一日生活。

2. 促进身心健康

健康的食品、合理的膳食管理能保证幼儿充足的营养；宽敞的活动场地、合理的材料投放使幼儿得到肌体锻炼；充足的采光、新鲜的空气维持幼儿生存基本需要；整洁的走廊、明亮的花园环境使幼儿愉悦安宁。

3. 促进多元智能开发

丰富多样的图书绘本可以起到启智和文字识读的指引作用，七巧板、数字游戏等锻炼幼儿的数学思维，角色游戏的开展培养幼儿的合作等亲社会能力，植物角让幼儿获得科学探索的机会。幼儿在与幼儿园环境的积极对话、相互作用中得到潜能的发掘与释放。

4. 促进环境适应和选择能力提升

从小班的入园焦虑到大班的依依不舍，幼儿迈出了适应家庭以外的生活的重要一步。在每一个区域活动时间内，幼儿需要学会选择一个区域而暂时舍弃其他区域进行游戏。在丰富多样的材料中，幼儿必须学会有所选择，并在一次次活动中去检验自己选择的正确性，方便下次更好地调整。幼儿在一次次尝试中逐渐形成一种选择的自觉性以及对选择结果的预判性，为自己的行为负责。

5. 促进环境保护意识萌发

"不能踩小草坪，小草会哭的"，"不要太大声，等会'宝宝'该醒了"，与和谐安宁的环境为友，幼儿会形成秩序感、安全感，养成良好的行为习惯。安静的图书室内幼儿不会嬉戏打闹，洁净的走道上幼儿不会乱丢垃圾，生活于亲和自然的环境中，幼儿会萌发出小主人翁的责任感，维护这片乐园。

(二)精神教育环境的功能

1. 安全感

某次午休后，一个刚醒来连眼睛都没有完全睁开的幼儿，奶声奶气地过来找教师扎辫子，嘴里下意识地呢喃"妈妈"，然后羞涩地笑，亲亲教师的脸颊，转身投入下午的活动之中。这样温情的场面每天都会在不同的幼儿园上演，幼儿与教师的情感联结筑造起成长的安全基地，幼儿在这样的环境中感受到尊重与肯定、鼓励与快乐。

2. 自主感

健康的师幼关系是一种"守望相助"关系。"守望"是对每个独立人格的小主人的信任。幼儿在习得生活经验过程中的"自主"是成人无法替代与包办的。幼儿在与周边环境的一次次对话中逐步形成"自我"的概念。"我是谁?""我能为别人提供什么样的价值?""我能不能学会这个本领?""我要怎么做才能学会这个本领?"在轻松自由的环境中，幼儿与环境产生一次次的对话互动，不断修正"自我"的概念，培养积极的自我效能感。

3. 亲密感

人际关系联结得越紧密，越能够使人感受到幸福。"生活艺术家的出发点就是：他如果想要享受人生，则第一个必要条件即是和性情相投的人交朋友，须尽力维持这友谊，如妻子维持其丈夫的爱情一般，或如一个下棋名手宁愿跑一千里的长途去见一个同志一般。"①在幼儿园里，幼儿在与教师、同伴的交往中获得幸福感，小小的圈子里有着更多的亲密行为，高聚合的情感联系使得幼儿园里常常

---

① 林语堂：生活的艺术[M]. 南京：江苏文艺出版社，2010：199.

是一片欢乐的海洋。

4. 获得感

处于生命成长初期的幼儿每天都可以从环境中获得一定的生命能量并为之欢欣雀跃。作为主动的学习者，幼儿在和外界环境互动时，会有奇思妙想，对新知的好奇使得他们发起一个个计划并尝试执行，千方百计地去克服困难，收获成功。在这个过程中，他们会渐渐看到自己生命的力量，而且获得的愉悦鼓励着幼儿一次次主动地超越自己，成为积极的学习者、生活者。

5. 归属感

在一个充满安全感的空间里，幼儿自由地从事自己的探索活动，不断学习，追求自我价值的实现与人际关系的亲密。从小班、中班到大班，一群幼儿在共同的探索活动和学习中形成一个学习共同体，在共同成长、相互帮助中缔造一个温馨的安全港湾，获得情感上的满足、温暖，他们知道自己属于这样的一个集体，在其中认同、投入、付出、维护，彼此成为心灵的依靠。

除此之外，幼儿园教育环境对于建设幼儿园园所文化、提升幼儿园内在品质等都起到了重要作用。

第二节 幼儿园教育环境创设的原则

一、幼儿园教育环境创设

《辞海》中把创设定义为“设置、创办；创造条件”①，不同于装饰、布置、装扮，幼儿园环境的创设不仅要求环境的美观性，更看重环境审美价值背后蕴藏着的教育价值，充分地“创造条件”，而不是“制造成品”，体现的是对童年适当“留白”的艺术与智慧。

《幼儿教育词典》中将幼儿园环境创设中的环境定性为：幼儿园内外环境资源中有利于幼儿身心发展所必须具备的一切物质条件和精神条件的总和。它是通过一定的文化习俗与传统文化，由教育观念所组织、综合而形成的一种动态的、

① 辞海编辑委员会：辞海[M]．上海：上海辞书出版社，1999：1519.

教育的空间范围或文化场所。这种空间范围既是物质的，又是精神的；既有保育性质，又有教育性质；既是开放的，又是相对封闭的①。

教育环境创设与利用能力，是指幼儿教师要具备利用环境资源，创设安全、舒适、尊重、支持和挑战的物质环境以及营造轻松愉快、温暖愉悦的心理氛围的能力，它主要包括物质环境创设与利用的能力和心理环境氛围营造的能力，其中，物质环境创设与利用的能力主要包括空间规划与调整的能力，材料投放与使用的能力，心理环境氛围营造的能力主要包括处理人际关系的能力和给予幼儿安全感的能力。②

总而言之，幼儿园环境创设的出发点是幼儿园教育要求及幼儿身心发展特点，最终落脚点是促进幼儿身心主动健康发展，通过引导幼儿与环境的互动从而帮助幼儿获得经验的长进，化环境因素为教育因素。从不同角度看待幼儿园教育环境创设，有不同的理解。

（一）从课程角度看待幼儿园教育环境创设

一日生活皆教育，一日教育皆课程。幼儿园教育环境创设的过程是一门隐形课程开发的过程，幼教工作者在创设环境之前应明确教育目标是什么，在幼儿"最近发展区"内，联系已有经验，有目的有计划有组织地创建一个符合幼儿发展特点，满足幼儿探究欲望，引发幼儿学习行为，能与幼儿积极主动对话，建构新的知识经验的健康的物质环境和心理环境。根据课程目标分解出需要新习得的经验，思考设计什么样的环境与活动能满足这些经验的获取，并投放相应材料，适当加以观察、记录、引导，体现课程的教育针对性。

（二）从建构主义看待幼儿园教育环境创设

建构主义强调知识具有动态性，知识的获得随着人们认识程度的加深而变化，学习者在建构这种知识的过程中具有三个明显的特征：主动建构性、社会互

① 王忠民．幼儿教育辞典[M]．北京：中国大百科全书出版社，2004：1135.

② 肖伯安，宋静．幼儿教师教育环境创设与利用能力的影响因素探究[J]．课程教育研究，2018(38)：193-194.

动性和情境性。教育者教书育人的过程是在促进学习者知识经验的“生长”，帮助学习者完成知识经验的重组、转换和改造中完成的。幼儿园教育环境的创设不是教育者欲为则为的过程，必须尊重幼儿的主动性，根据需要改变环境，用流动性的环境、真实的情境引发幼儿生生不息的探索热情。简而言之，幼儿园教育环境的创设植根于幼儿、家庭、社会、文化等多元土壤中，由不同的主体积极参与、互动建构。

(三)从符号学角度看待幼儿园教育环境创设

符号是人类世界的产物，人类创造符号、运用符号是为了使不同个体之间形成相同的意义认知。符号的创造帮助人类更好地认识客观世界，传承人类文明，基于此，符号必须要有意义，并且这种意义能成为人类的一种共识。符号就是“携带意义的感知”①。“符号化的思维和符号化的行为是人类生活中最富于代表性的特征。”②“符号实践是符号化活动，即符号体系的建立实践和使用实践。”③符号化的实践建立在符号化思维上，所谓符号化思维是主体意识到万物皆有意义，并且学会将自己感知到的客体转化为意义符号；符号化的行为体现在符号体系的使用实践中，即主体尝试将意义符号运用在生活之中，用符号背后的意义去认识和改造世界。幼儿园教育是一种符号化的活动，教育者要剖析幼儿生长的文化土壤，读懂幼儿的符号语言，在幼儿园教育环境的创设中引导幼儿认识客体世界，不断进行积极探索，与环境背后的符号意义产生积极互动，从而更好地认识自我，改造世界。

【延伸阅读】

走向符号实践：论幼儿园教育环境的意义创设逻辑④

把幼儿园教育环境的创设当作一种符号化活动，就是要与儿童生活世界

---

① 赵毅衡．符号学原理与推演[M]．南京：南京大学出版社，2011.

② [德]恩斯特·卡西尔．人论：人类文化哲学导引[M]．甘阳，译．上海：上海译文出版社，2015.

③ 郭思乐．课程本体：从符号研究回归符号实践[J]．教育研究，2003(07)：72-78.

④ 黄豪，杨晓萍．走向符号实践：论幼儿园教育环境的意义创设逻辑[J]．浙江师范大学学报(社会科学版)，2017，42(06)：31-37.

意义联结。基于人生命的三维现象视角，幼儿园教育环境是要以一种直面儿童是自然的存在、精神的存在和社会的存在的儿童本体观，保留儿童的自然性、尊重儿童的精神需要、直面儿童的社会化。

幼儿园教育环境创设走向符号实践，实现真正的意义创设，就要持有一种幼儿园教育环境意义创设的价值取向，具体落实在环境创设实践中就是幼儿园教育环境从建立实践到应用实践的过程，是遵循从个体化到普适化再到园本化过程的符号化活动，并基于环境自身特性和所表现出的符号特点，在实践过程中凸显抽象性、普适性和多变性。

(四)从发展的角度看待幼儿园教育环境创设

从发展的角度看待幼儿园教育环境的创设可以联系幼儿园环境的功能来认识，创设的初衷是为了发挥幼儿园环境的教育功能，促进幼儿身心健康及德智体美多方面的发展。

1. 提供幼儿安全生活保障

选择无毒环保的材料、投放符合卫生学标准的桌椅、提供适当消毒的玩教具等一系列幼儿园每日进行的基本措施保障幼儿能平安健康地在幼儿园进行一日生活。

2. 营造幼儿健康成长的乐园

充沛的营养和膳食保障幼儿营养需要，宽敞的空间与合适的锻炼时间提高幼儿的身体素质，安全温馨的氛围养成幼儿的安全感，鼓励探索的环境和材料促生幼儿学习品质与学习行为，井然有序、相互监督的活动开展培养幼儿的规则意识和集体意识，丰富多样的人际交流提升幼儿的社交能力。

3. 充当幼儿潜能开发的教师

幼儿的发展表现是经验的习得和潜能的开发。在这个过程中，良好的环境创设充当幼儿成长的良师益友，引导幼儿从语言、行为、表情等多方面与之互动。

二、幼儿园教育环境创设中存在的问题

(一)重视审美价值，忽视教育价值

幼儿园建筑需要一定的审美特征，熏陶幼儿的审美能力。但是在实践中，不少幼儿园剑走偏锋，生搬硬套环创书上的“好看”案例，依样画葫芦，不考虑当地幼儿园的特点，忽视幼儿园环境的教育价值。

(二)教师包办，幼儿“享用”

幼教工作者常常陷入加班加点搞环创的怪圈，教师动手多，幼儿坐享其成。然而由教师一手创办的环境，无论教师多么熟悉幼儿的身心发展特点，也不免带着成人的眼光与价值，其结果往往是教师劳累劳心劳神还费钱，幼儿“浅尝辄止”。

(三)“以不变应万变”

由于教师做一次环境创设需要消耗很多金钱与精力，往往导致很多教师在开学之初大费周章，大搞环创，以期一劳永逸，以免在之后漫长的学期生活、甚至是学年生活中再投入。

(四)重视物质环境，轻视精神环境

由于物质环境是可感、可知、可摸的，在短时间内容易看到效果，所以比起看不见摸不着的人际关系建设、文明环境形成，更多的教师愿意着手进行物质环境的创设，以短期结果为导向。

(五)购置多，创造少

很多幼儿园每年花费高额的经费购置各种高大上的材料玩具，现成的高结构化材料多，废旧物品、幼儿园自制玩具等低结构化材料少之又少。

（六）重视跟风，忽略思考

幼儿园教育环境创设有时候快得像“龙卷风”，伴随着新生幼教理念的更替而变化，甚至在一些名园中，也有教师抱怨这种理念还没有吃透，下一种理念就要搞环创了，不考虑园本实际。

三、幼儿园教育环境创设的原则

（一）教育性原则

教育性是幼儿园环境创设的首要标准。评价幼儿园环境创设具不具备教育意义，一看有没有完成环境创设的目标，二看对幼儿的发展有没有一定的教育意义。

1. 树立教育目标的全局观

依照《3—6岁儿童发展与指南》对本年龄阶段幼儿教育目标的设定，结合本班幼儿实际特点，将教育目标分解为学年目标、学期目标、月目标、周目标、活动目标，层层细化，保证本班幼儿园教育环境围绕层层教育目标来创设。

2. 促进幼儿全面发展

《幼儿园工作规程》中对幼儿园教育目标是这样描述的：“对幼儿实施体、智、德、美等方面全面发展的教育，促进其身心和谐发展。”多元智能理论提出，每个幼儿经过学习，都能将一种或多种智能发挥到极致，为了激发幼儿全面发展，环境的创设应涵盖健康、语言、社会、科学、艺术五大领域。宽敞的操场、规范的动作指导锻炼幼儿身体健康，图书馆投放不同类别的绘本为幼儿做好阅读、前书写准备打基础，通过在活动区域设置进区卡、在公共楼道贴上下楼梯脚印向幼儿渗透规则意识，幼儿园的小菜园中瓜果飘香引导幼儿热爱自然、探究自然，音乐室、美术室的设计丰富幼儿的审美教育，一切的教育都是为了促进幼儿的发展。

（二）安全性原则

安全性原则是幼儿园环境创设的根基。没有安全的环境，支撑不起幼儿的发展与活动。

1. 心理安全

心理安全主要指良好的师幼关系、同伴关系以及合理的生活制度与要求等。幼儿园是幼儿走向社会化的重要一步，幼儿需要从幼儿园生活中汲取安全、幸福、有爱的能量。教育的过程是在幼儿的心里播下一颗真善美的种子，并在幼儿与周边一切环境的互动中慢慢浇水、施肥、除草，直至其长成一棵参天大树。

2. 身体安全

身体安全主要指外界物质对幼儿身体不造成伤害。一是设施、设备、材料本身是安全的。幼儿园对玩教具的选择应有着严格的标准，所有的设备、玩教具、装饰物都应采用无毒原料，房子与大型玩具应按时检修。园舍应充分考虑防火、防盗、防走失、隔音效果好等功能，不种植有毒植物。室内、寝室要安装紫外线灯或随时用消毒水消毒等。二是对设施、设备、材料的位置摆放是安全的。教室以朝南向为好，走廊不设置封闭性通道，保证采光通风。室内区域间隔要设置合理，宽度适当，保障幼儿通行。户外跳跃地面软化处理，对家具器具的边角进行软包装，防止幼儿受伤。电线、开关、插座和消毒液、外用药液应放在幼儿手不可及的地方，取暖设备等应添加防护装置。不投放过小、尖锐的玩具、材料等。

(三)参与性原则

在《现代汉语词典》中，“参与”是“预闻而参议其事”，即“参加”“介入”的意思。教学中的参与，是指教师和学生作为交互主体为着共同教学活动的开展、共同教学目标的实现而引起主体的行为、思维、情感卷入与浸入的行为。①

参与性原则是指在教育环境创设过程中幼儿与教师应该共同合作、共同参与。美国华盛顿儿童博物馆中有句格言：“What I hear I forget, what I see I remember, what I do I understand.”(我听过就忘了，我看过就能记住，我做过才能明白)教育家陈鹤琴说：“用儿童的双手和思想布置的环境，会使他们更加深刻地理解环境中的事物，也会使他们更加爱护环境。”经过师生共同策划的幼儿园教育环境，更能发挥环境的最大价值。遵循这一原则要树立三个观点：

---

① 陈登福．参与性教学研究[D]．重庆：西南师范大学，2004.

1. 相信幼儿是有能力、有智慧的主体

幼教工作者要有更广阔的胸襟，允许幼儿慢慢来。从幼儿视角出发，我们知道童年有独特的文化价值，幼儿应该是能够为生活做出贡献的，但在“成人话语权世界里”，幼儿的文化价值却常常被忽略。在环创过程中，常常会出现教师“等不起”的情况，一些教师觉得自己顺手做完比耐着性子指导幼儿、等待幼儿更能达到环创的美观效果。急性子教师更是觉得“幼儿没有能力做好这些细活，越帮越忙”。在这些教师心中，早已经给每个幼儿贴上了“动手能力不强”“不能搭把手”“不能帮忙”等能力标签。教师要更正自己的观念，环境的价值不在于最终的审美价值，而在于创设过程中带给幼儿行为、能力的教育价值，幼儿参与创设的环境更能激发其责任感和保护欲，使其为环境的进一步创设和维护想办法。

2. 幼儿参与环境创设不是教师“偷闲”的理由

在幼儿园教育过程中，教师是主导，幼儿是主体。要不要幼儿参与？幼儿参与到什么程度？这些都需要教师发挥自身专业能力进行判断，而不是放任自流，更不是给家长布置作业。幼儿在与教师共创教育环境的过程中，不仅能收获经验技能，还能增进师幼之间的亲密关系。

3. 在参与过程中，培养幼儿多方面能力，如主体精神、责任感、合作精神、解决问题能力

环境创设最终是服务于幼儿的发展的，他们应该有自己的话语权，从共同参与中培养主体意识，知道自己是有能力去改变环境的，培养积极的自我效能感和主动作为的能力。参与环境创设，能帮助幼儿在集体中找到自己的位置与价值。例如，今天是苹果组的小朋友负责维持图书角的干净整齐，苹果组的小朋友会来回看看图书角环境，把图书摆整齐，把图书架擦干净，为小朋友服务；看到有小朋友不爱护图书，会上前阻止，因为这是他们的“责任”。亲身参与环境的创设与维护，幼儿会建立起“可为”“不可为”“该为”“不该为”的观念，萌发小主人翁精神。环境创设通常是一个集体合作的活动，为了更好地完成任务，幼儿需要去想办法，去协调、商量，遇到问题要集思广益，想出各种各样的办法，讨论、尝试、执行、修改做事方法，在这个过程中，培养严谨、协调、坚持、合作等积极品质，并让自己的智力得到最大化的运用。

(四)发展适宜性原则

适应性原则强调幼儿园教育环境创设要与幼儿的发展水平、年龄特点、兴趣爱好、个性特征等相互匹配、同步、协调，不断创造新的“最近发展区”。

1. 与幼儿的年龄特点相匹配

在学前阶段，幼儿处于发展的迅猛时期，对幼儿的能力，要有“士别三日当刮目相待”的认识。小、中、大班的幼儿，甚至是同一个年级、班级的幼儿，能力上的差距是明显的。因此，在环境创设时，要充分考虑幼儿的身心发展特点，玩教具、材料的种类、性质、数量依据幼儿认知水平而变化。处于平行游戏期的小班应投放种类少而数量多的材料，中、大班投放相对复杂、种类多、数量少的材料，发挥幼儿的合作精神。

2. 注重因材施教

每个幼儿都是一个独立的个体，在兴趣、能力、学习方式等方面都存在区别。幼儿教师要通过各种途径和日常观察，了解每个幼儿的优势、弱势、智能以及学习特点，尊重幼儿的个体差异性，因材施教，使每个幼儿都能得到较好的发展。

(五)开放性原则

生活在一个日益联系紧密的大环境中，幼儿园环境创设要树立系统论观念，统筹考虑整个大环境，拆掉幼儿园的“围墙”，调动园内园外各个因素积极作用，达到教育最大化。

1. 时间上的延伸

幼儿园教育最担心的问题是“5+2<5”，因此在幼儿园教育环境创设过程中，要积极与家长互动，传递科学育儿观念，让幼儿周末在家也能生活于良好的健康氛围中，达到“5+2>7”的教育效果(“5”代表 5 天幼儿园教育，“2”代表 2 天家庭教育或社会教育)。

2. 空间上的延展

幼儿园教育环境的创设不仅要考虑幼儿园园内环境要素，同时也要重视园外环境的各要素。单靠幼儿园的一亩三分地，教育效果十分有限。封闭式的环境中培养不出幼儿开放的胸襟。社会上、社区里有许多的资源可为幼儿教育服务。一方面是幼儿园之外的物的因素，另一方面是幼儿园之外的人的因素。科技的迅猛发展让“两耳不闻窗外事，一心只读圣贤书”的封闭式教育成为历史，教师应活用各种教育资源，用开放的胸襟对待幼儿园环境创设中的“大环境、大教育”问题。

(六)经济性原则

经济性原则是指创设幼儿园环境应考虑幼儿园自身的经济条件，勤俭办园，因地制宜，少花钱，办成事，花小钱，办大事，善于向周围环境要本土资源、要废旧材料，同时避免创设过程中资源的浪费。创设整个幼儿园环境时，最好交由懂幼儿教育的人与设计师共同完成，从教育属性出发，而不是从设计师的专业审美价值出发，避免“花瓶”属性的环创。此外，在环创过程中，要适当留白，不需要急于将整个环境填满，造成资源的浪费，在幼儿发展过程中，依据实际需要，再由教师与幼儿共同创设，填补空白。

(七)互动性原则

好的环境一定是人和环境相互作用的结果，幼儿园环境创设的过程要考虑将幼儿的灵性与环境的“空灵性”相联结，充分激发幼儿天马行空的想象力，实现幼儿与环境形式上、内容上的多元互动。现实生活中的幼儿园环境创设，常常出现南辕北辙情况，教育者在环创时首先考虑的是“我要创设出一个什么样的教育环境”“什么样的教育环境适合幼儿的发展”，尽可能地穷尽一切办法，设置出各种“教育环境”，幼儿在教师按照教育目标预设好的环境中进行活动，殊不知，成人再怎样的尽力而为都是基于“成人视角”而非“幼儿视角”，遇上专业素质、专业能力薄弱一些的，效果更是大打折扣。在这种情境下，幼儿是教育活动中的客体和工具，远离了幼儿的主体地位，因此，在环创一开始，教育者要清楚意识到幼儿主体地位，以及环境与幼儿共生互动的关系，达到环境、教师、幼儿三者的良好互动。幼儿园教育环境创设的过程一定不是按照某个范本复制、粘贴、涂鸦进行的，排除幼儿主动性、能动性的环创，便难以引起幼儿与环境之间的对话与互动。“如果幼儿园教育环境的创设脱离儿童发展轨迹，忽视儿童本体观，只为单一追求效率化、效果化和效益化，那么儿童如何通过身体的各个部分去接收环境带给自己的信息，进而再去作出意识与行为层面的反馈？既然儿童与幼儿园教育环境无法形成一种认识关系，那么儿童也就很难在被实践化、人为化的教育环境中与环境进行有效的互动、对话和实践探索。这样的幼儿园教育环境的创设实践，由于功利性主义至上，最终的结果就是与儿童人为分离，进而缺失意义。”①

(八)动态性原则

无论是历史洪流，还是个体成长，都处于不断发展之中，幼儿园环境创设中的动态性原则意味着材料、设备、主题、玩教具、制度要随着发展需要而不断变化生成。“野芳发而幽香，佳木秀而繁阴，风霜高洁，水落而石出者，山间之四时也。”大自然的发展总是蕴含着最朴实的真理，幼儿园教育环境要效仿自然“四时之景不同，而乐亦无穷也”的动态性，在形式上体现变化流动之美，在内容上凸显教育目标的层层递进。

1. 注意内容与形式之间的流动性

即使环境创设的内容经常更新，注意创设中多样灵活的形式相结合不等于内容与形式之间的流动性。负责任、有情怀的教师常常研究各种教学内容并采用不同的形式以期尽自己最大的努力促进幼儿发展，他们预设明日的活动场景，模拟教学行为，煞费苦心，但在实际活动过程中，总会有各种始料未及的事情发生。“孩子啊，你为什么对我精心准备的活动不感兴趣，却乐此不疲地进行抓虫子这些活动呢？”预设性的课程固然能较快使幼儿掌握一定本领，然而，生成性的课程却更加贴近幼儿本来的生活状态。环境创设中的形式与内容之间的流动性允许更多生成性内容的产生。外部环境的创设应源于幼儿，幼儿会从自然中得到源源不断的灵性的召唤与力量，迫切要求教师突破内容与形式之间的屏障。

---

① 黄豪，杨晓萍．走向符号实践：论幼儿园教育环境的意义创设逻辑[J]．浙江师范大学学报(社会科学版)，2017，42(06)：31-37.

2. 教育要走在发展的前面

“最近发展区”的发现启示教师幼儿园教育环境创设不仅要符合幼儿身心发展的规律特点，传达特定的教育信息，还要能跑赢幼儿当前的发展水平，营造“会说话”的环境，引发幼儿与环境不断地互动。

(九)丰富性原则

幼儿有着一百种语言，一百种语言的表达与学习需要以丰富的环境为载体。

1. 材料设备的多样性

不同材质的制品给幼儿不同的触觉体验，物质的不同属性能激发幼儿对环境的探索热情。在幼儿园教育环境创设过程中应尽可能投放多样的材料设备，多维度、多层次地丰富幼儿学习经验。

2. 物质环境与精神环境相协调

在幼儿园教育环境创设过程中，教师要注意协调好物质环境与精神环境之间的联系，达到一种动态平衡，促进幼儿身心健康全面发展。

3. 功能的多样性

环境的创设不能单纯基于教师擅长领域而为，幼儿认识这个世界有很多种途径，我们要充分利用环境的创设发展其语言能力、艺术能力、思维能力、社交能力等。

(十)尊重性原则

关于师幼之间的关系一直众说纷纭，部分学者认为年龄、经验的差距造成师幼之间无法处于平等的地位，另有学者认为，即使经验有所差异，但师幼在人格上是平等的。即使有种种分歧，在尊重幼儿这一点上，学者们是有共识的。在幼儿园环境的创设中，要尊重幼儿的个人空间。幼儿一方面渴望与他人有着更紧密的情感联系；另一方面，幼儿总会有秘密，喜欢让自己的思绪神游。在环创中要尊重幼儿，要学会把空间留给幼儿，把自由留给幼儿，尊重幼儿活动的自由、选择的自由、“拒绝”的自由、决定的自由，不限制幼儿生命成长的能量。

第三节 幼儿园环境创设的乡村与城市之维

一、关于乡村与城市的幼儿园环境创设研究

截至2020年3月，以“城市幼儿园+环境”为“关键词”搜索中国知网文献，可供查阅文献为0；以“篇名”为查询项，共有3篇文献；以“摘要”检索，共有70篇文献；选择“主题”相关查询，共有113篇文献。以“农村幼儿园+环境”为关键词检索，得到1篇文献；篇名查询有50篇；摘要检索有334篇；主题检索有395篇。单从数量上看，目前学术界对幼儿园环境创设明显出现一种“乡村热潮”。从研究内容与思路上分析，3篇篇名涉及“城市幼儿园环境创设”的文章分别为李春微的《色彩在现代城市幼儿园环境设计中的应用研究》(2007)、冯宝梅的《垂直绿化在城市幼儿园户外环境设计中的应用探析》(2019)、《以幼儿为本的城市幼儿园户外自然环境创设》(2019)，资源相当有限。其他以“城市幼儿园+环境”为主题的文献关注点主要有两种：一是城市发展带来的幼儿园问题，如城镇化进程中城市小区配套幼儿园办园问题、师资补充、管理、城市污染、体检、育儿焦虑、大城市幼儿园供需问题；二是某一具体要素在城市幼儿园中的运用，如色彩、垂直绿化、信息化、家园合作、办园规范等。50篇篇名包含“农村幼儿园环境”的文章主要分为以下三种：一是乡村幼儿园环境创设的现状、问题及对策研究；二是乡村幼儿园环境创设的经验之谈；三是乡村幼儿园环境创设中乡土资源的利用，包括特色的建设。

从检索结果分析，目前对于乡村幼儿园的环境创设研究虽然比较火热，但处于比较基础的“现状、问题、对策”研究仍占多数；对城市幼儿园环境创设的研究虽少，但是却比较深入地对某一元素进行跟踪，且更多伴随着城市化进程的种种问题而来，幼儿园教育环境创设的乡村与城市区别不可谓不大。因此，我们在看待幼儿园教育环境创设问题的过程中，既要看到城乡之间关于环创问题的共性，更要看到两者的区别。

二、城乡幼儿园教育环境创设的现状

（一）城乡幼儿园环境创设中的要素之分

首先需要明确的是，这里所讲的城乡幼儿园环境创设的差别仅存在于多数情况下，对具体情况还应该具体分析。

1. 物质环境的对比

（1）办园经费。不同性质、不同级别的幼儿园办园经费有较大的区别，一般来说，城市幼儿园经费投入多，乡村幼儿园经费投入少；城市幼儿园筹措资金途径多，乡村幼儿园筹措资金途径少。城市幼儿园的建筑、装饰一般较为精细，乡村幼儿园较为简陋。

（2）材料、设备。城乡幼儿园在材料、设备上同样存在较大区别。其一，城市幼儿园的材料较为丰富、设备先进；其二，城市幼儿园的材料、设备更新频率较高，一些贫困地区乡村幼儿园的环境，常常是年头到年尾不见更新，甚至一用就是好几年；其三，一般来说，城乡幼儿园材料、设备的投放存在时间差，常常是城市幼儿园火了一段时间，甚至是“火”过了之后才在乡村兴起。

（3）资源利用。城乡幼儿园环创中的资源利用情况历来受到幼教工作者的关注。有一种费解的情况是，许多城市幼儿园在追寻“乡土资源”，而乡村幼儿园却乐此不疲地追寻城市幼儿园的“先进资源”，在一些条件比较好的乡村，“绅士幼儿园”“城堡幼儿园”“礼仪幼儿园”等有着火热的市场需求。

2. 精神环境的对比

（1）师资力量。幼儿教师无论是在幼儿园环境创设中还是在儿童发展上，都起着异常重要的作用。城乡师资力量明显影响着教育环境的创设。从学历上看，城市幼儿园教师的受教育水平较高，普遍是大专以上，在一些大城市里的名园中，硕士生、博士生也常有；乡村幼儿园的师资虽然得到不断的改善，但半路出家、学历水平低的现象仍比比皆是。从师幼比上看，城市幼儿园大多比较规范，一个班 30 人左右，配备两教一保；然而乡村幼儿园的超大班规模仍然存在，一个教师甚至要负责 40 个幼儿。

（2）教育观念。师资水平、学习能力、专业素养等方面的区别造成城乡幼师教育观、儿童观、教学观等方面的差别。城市幼儿园承载了很多幼师的“专业梦”，乡村幼儿园负担了幼师们的生活压力。另外，师幼比带来的工作压力令一些乡村幼师想为却不能为，只得向现实妥协。偏远地区的乡村幼儿园教师的工作重任是“看管幼儿，不出意外”，在这种情形下要“教育梦”举步维艰。

(3)活动类型。在城市幼儿园中，环境支撑的活动类型较为丰富，且游戏活动的重要性日益凸显；而在乡村幼儿园，单调环境支持的幼儿活动类型较少，且常常出现大班教学、大班看电视等情况。

(二)城乡幼儿园教育环境创设的痛点堵点

袁爱玲认为，幼儿园教育环境创设中的主要问题在于幼儿园在环境创设中普遍注重装饰性，忽视教育内容的系统性和平衡性；幼儿园环境布置过程中大多是教师在设计和布置，忽视了幼儿的参与；幼儿园内环境过于“硬化”，环境中缺乏供幼儿活动的柔软的区域；幼儿园活动区存在利用率低下的问题；重物质环境创设，轻精神环境创设。①

采用北京师范大学刘焱教授等研发的《幼儿园教育环境质量评价量表》(第二版)对乡村幼儿园教育环境质量的现状及当地经济发展状况和政府重视程度进行调查，发现乡村幼儿园教育环境质量整体水平不高，当地经济发展水平和政府重视程度对幼儿园教育环境质量有较大的影响，师资水平是制约乡村幼儿园教育环境质量提升的瓶颈。②

在更加细化的乡村幼儿园班级教育环境中存在以下问题：①在班级教育环境总体方面，重视正规课程，忽视潜在课程；重视物质环境的创设，忽视人际环境的创设。②在班级物质教育环境方面，班级空间不足，且缺乏规划；硬件设施不健全，游戏材料和图书匮乏；幼儿创设墙面环境的主体地位缺失。③在班级生活活动环境方面，午餐营养不均衡，且存在安全隐患；生活活动的教育性没有凸显。④在班级教育活动环境方面，过分重视智力发展，忽视非智力因素的培养；

① 袁爱玲．幼儿园环境创设的实践标准[J]．学前教育研究，1994(06)：36-37.

② 张晗，刘存刚．农村幼儿园教育环境质量现状研究——以山东省为例[J]．教育理论与实践，2013，33(12)：14-16.

课程设置不全面，五大领域不均衡；教学组织形式单一，以集体教学为主。⑤在班级人际环境方面，教师较少关注幼儿情感、社会交往的需要，教师未创设支持性环境引发幼儿互动，教师与教师、教师与家长之间缺乏沟通与合作。①

【思考题】

1. 什么是幼儿园教育环境？如何理解幼儿园教育环境创设？

2. 城市幼儿园与乡村幼儿园在教育环境创设上应如何有效开展？

3. 案例分析：某乡村幼儿园为了建设花园式、城堡式的幼儿园，把一块平平整整的大草地，改造成集喷泉、假亭、各种小花园为一体的“漂亮”园。建筑设计风格是仿造设计书中的城堡样式，你认为该幼儿园对场地的改造是否合理？为什么？

【参考文献】

[1]袁爱玲．幼儿园教育环境创设[M]．北京：高等教育出版社，2010.
[2]汝茵佳．幼儿园环境与创设[M]．北京：高等教育出版社，2006.
[3]杨枫．幼儿园教育环境创设与玩教具制作[M]．北京：高等教育出版社，2006.
[4][英]马丁·洛森．解放孩子的潜能[M]．吴蓓，译．北京：人民文学出版社，2006.
[5][英]琳·欧德菲．自由地学习——华德福早期教育[M]．李泽武，译．北京：人民文学出版社，2006.
[6]陈鹤琴．活教育理论与实践[M]．上海：新华书店，1949.
[7]陈鹤琴．陈鹤琴全集(第五卷)[M]．南京：江苏教育出版社，1992.
[8]许银玲．谈幼儿园区域环境创设的策略[J]．课程教育研究，2019(45)：27.
[9]李世瑜．关于农村幼儿园教育环境创设的思考与规划[J]．课程教育研究，2019(43)：12-13.
[10]王文娟．幼儿园班级环境创设的作用探究[J]．文化创新比较研究，2019，3

① 王晶晶．河南省农村幼儿园班级教育环境现状调查研究[D]．开封：河南大学，2015.

(22)：131-132.
[11]王国栋．生态教育背景下的幼儿园环境创设概述[J]．北极光，2019(07)：169-170.
[12]孙倩倩，廖丽丽．幼儿教师环境创设能力提升的个案研究[J]．科教导刊(中旬刊)，2019(07)：76-78.
[13]沈雪松．基于生态学视域的幼儿园教育环境创设[J]．齐齐哈尔师范高等专科学校学报，2016(05)：16-17.
[14]曹文真，孙凤霞．"生活教育"理念下幼儿园主动学习环境创设[J]．教育科学论坛，2016(08)：69-71.
[15]王晓鸥．浅谈幼儿园环境创设的"一个主题，五个共性"[J]．课程教育研究，2015(30)：238-239.
[16]王卡兰．《幼儿园教育环境创设》实践教学[J]．文学教育(下)，2015(08)：152-154.
[17]孙刚成，何晓溪．全面发展教育目的观下的幼儿园游戏环境创设[J]．青岛职业技术学院学报，2015，28(03)：55-60.
[18]孙丽利．幼儿园环境创设中存在的问题及对策[J]．读与写(教育教学刊)，2014，11(03)：238，260.
[19]邸华．让幼儿在"儿童世界"里健康成长——关于幼儿教育中环境创设的思考[J]．贵州教育，2014(01)：15-18.
[20]宁燕玲．培养学前教育专业学生幼儿园环境创设能力的策略[J]．齐齐哈尔师范高等专科学校学报，2013(06)：33-34.
[21]张晗，刘存刚．农村幼儿园教育环境质量现状研究——以山东省为例[J]．教育理论与实践，2013，33(12)：14-16.
[22]杜杰．浅谈幼儿园教育环境与幼儿发展[J]．陕西教育学院学报，2011，27(04)：111-113，123.
[23]赵宇．浅析幼儿园教育环境的内涵与特点[J]．大连教育学院学报，2009，25(02)：71-72.
[24]张娜．幼儿园动态教育环境的创设[J]．学前教育研究，2009(06)：66-68.
[25]郑非非．基于多元智能理论的幼儿园区域环境创设与活动指导研究[D]．济

南：山东师范大学，2016.
[26]童欢．发展适宜性教育视角下贵州省K县农村幼儿园区域活动研究[D]．昆明：云南师范大学，2016.
[27]王富荣．幼儿园班级环境创设的研究[D]．福州：福建师范大学，2016.
[28]宋静．幼儿教师环境创设与利用能力的个案研究[D]．桂林：广西师范大学，2016.
[29]陈彩玲．人类发展生态学视野下幼儿园教育活动环境的个案研究[D]．漳州：闽南师范大学，2015.
[30]程文艳．汉中市泾洋镇幼儿园竹资源开发运用问题与对策研究[D]．锦州：渤海大学，2019.
[31]皇甫佳珍．幼儿教师区域环境创设能力的现状研究[D]．呼和浩特：内蒙古师范大学，2019.
[32]伏书琦．乡土资源在幼儿园区域环境中的开发和利用调查研究[D]．淮北：淮北师范大学，2019.
[33]章兰，何丽娟．幼儿园适宜性教育环境的内涵与创建策略[J]．学前教育研究，2019(03)：89-92.
[34]王静．试析基于增强现实的幼儿认知教学环境创设策略[C]．中国教育发展战略学会教育教学创新专业委员会．2019全国教育教学创新与发展高端论坛论文集(卷二)，2019：26-27.
[35]项义云．乡土教育资源在幼儿园教育中存在的问题及策略研究[J]．中国农村教育，2019(02)：124.
[36]肖伯安，宋静．幼儿教师教育环境创设与利用能力的影响因素探究[J]．课程教育研究，2018(38)：193-194.
[37]杨莉蓉．乡镇中心幼儿园班级墙面环境创设现状研究[D]．重庆：重庆师范大学，2018.
[38]杨蕊绮．符号互动论视野下昆明市L幼儿园大班幼儿参与班级物质环境创设的研究[D]．昆明：云南师范大学，2018.
[39]王秀文．专家引领下的幼儿园环境创设个案研究[D]．南京：南京师范大学，2018.

[40]段兰兰．从儿童视角审视幼儿园班级区域环境[D]．上海：上海师范大学，2018.
[41]黄豪，杨晓萍．走向符号实践：论幼儿园教育环境的意义创设逻辑[J]．浙江师范大学学报(社会科学版)，2017，42(06)：31-37.
[42]马娜．幼儿园班级环境创设对幼儿的隐性影响研究[D]．长沙：湖南师范大学，2017.
[43]李曼曼．H市A儿童之家环境创设个案研究[D]．贵阳：贵州师范大学，2017.
[44]连静．幼儿园开放性游戏环境创设的实证研究[D]．福州：福建师范大学，2017.
[45]高原．幼儿园科学教育活动环境创设的个案研究[D]．贵阳：贵州师范大学，2017.
[46]赵明月．辽阳县乡土文化资源在A幼儿园中的应用研究[D]．鞍山：鞍山师范学院，2017.
[47]张孟．建构主义视野下幼儿园活动区环境创设的研究[D]．鞍山：鞍山师范学院，2017.
[48]林耿芬．基于ECERS-R测评工具的幼儿园班级学习环境创设的行动研究[D]．桂林：广西师范大学，2017.
[49]王晶晶．河南省农村幼儿园班级教育环境现状调查研究[D]．开封：河南大学，2015.
[50]管倚．幼儿园墙面环境创设及其教育功能的研究[D]．上海：华东师范大学，2005.
[51]王广强．河南省商丘地区农村幼儿园体育活动环境研究[D]．北京：北京体育大学，2010.
[52]陈虹．幼儿教师创设教育环境能力现状研究[D]．重庆：西南大学，2011.
[53]赵艳虹．乡镇中心幼儿园室内环境创设的个案研究[D]．西安：陕西师范大学，2015.
[54]夏小芳．幼儿园班级环境创设有效性之研究[D]．济南：山东师范大学，2014.

[55]程秀兰．基于实证视角的幼儿教育本质特征研究[D]．西安：陕西师范大学，2013.
[56]杨阳．生态学视野下幼儿园墙面环境创设研究[D]．桂林：广西师范大学，2014.
[57]周琼．省级示范性幼儿园班级墙面环境创设的特点及问题的研究[D]．长沙：湖南师范大学，2012.
[58]李香．农村幼儿园乡土课程资源开发利用研究[D]．重庆：西南大学，2013.
[59]张莉．中国蒙台梭利幼儿园教育现状分析[D]．长春：东北师范大学，2011.

第五章　幼儿园师幼互动的理论与实践

导读

近年来，“师幼互动”成了幼儿园里的“大红人”，常常“出席”幼儿园组织的教研科研活动。例如，2017 年 12 月 6 日，太仓市璜泾镇幼教中心荣文幼儿园开展了主题为“支持幼儿深度学习的师幼互动”的教学研讨活动；2019 年 11 月 13 日，徐州市鼓楼区实验幼儿园开展了“在有效的互动中促进师幼的共同成长”专题教研……笔者在中国知网以“师幼互动”为主题词进行文献检索，共搜索到 695 篇文献，其中 2010—2019 年十年中有 567 篇，占总数的 81.6%。综上所述，近年来，“师幼互动”已然成为学前教育领域研究的热点之一。

在学前教育迅猛发展的年代，人们越来越重视“师幼互动”。师幼互动的质量影响着幼儿园一日生活的质量，影响着幼儿的成长与发展。那么，什么是师幼互动？如何在幼儿园实践中提升“师幼互动”的质量？本章通过探讨师幼互动的定义、内涵、价值、特征、类型、原则以及对师幼互动实践案例的分析，使学习者掌握师幼互动相关知识点、实践方法等。

第一节　幼儿园师幼互动的理论概述

一、幼儿园师幼互动的内涵及其价值

（一）幼儿园师幼互动的内涵

1. 幼儿园师幼互动的定义

在幼儿园的日常生活中，人们很少用到“师幼互动”这个词，但是师幼互动

的行为却时时刻刻发生在幼儿园的一日生活中，例如，教师与幼儿的一次谈话、一个对视的眼神、一起玩游戏等，都属于师幼互动的范畴。

在20世纪90年代初，我国已有学者对师幼互动这一概念进行研究。师幼互动是指在幼儿园一日生活的各个环节中，师幼之间发生的各种性质、形式、程度的心理交互作用或行为上的相互影响。广义上的师幼互动既包括发生在托儿所中的教师与3岁前幼儿间的互动，也包括发生在幼儿园中的教师与3—6岁幼儿间的互动；狭义的师幼互动专指发生在幼儿园的师幼互动，是指发生在幼儿园内部、贯穿于幼儿一日生活活动中的幼儿教师与幼儿之间的相互作用、相互影响的行为及过程。简而言之，师幼互动就是指教师与幼儿间的互动，是教师和幼儿之间发生的交互作用和相互影响，不仅在儿童人际互动系统中具有独特地位，影响儿童各方面的发展，而且对教师的发展和教育质量的提高也具有重要意义。①

本章中所提的师幼互动特指发生在幼儿园中的教师与3—6岁幼儿的互动。

【延伸阅读②】

师幼互动是指在幼儿园一日活动各环节中，教师和幼儿之间发生的各种形式、性质、程度的心理交互作用或行为相互影响的过程。根据师幼互动的定义，我们可以演绎出如下的命题：

(1)师幼互动是贯穿在幼儿园一日活动的各个环节(包括游戏活动、教学活动、生活活动等)中的一种活动，而不是独立于一日活动之外的特殊活动。

(2)师幼互动是建立在师幼身心接触与相互交流的基础之上的，如果师幼间没有身心接触与相互交流，那么也就没有师幼互动。

(3)师幼互动实质上是一种双向的交流，体现发起与反馈的关系，如果仅有发起而没有反馈，那么这种单向信息输出不能算作真正意义上的师幼互动。

---

① 刘晶波. 师幼互动的总体特征及其功能[J]. 幼儿教育，1998(11)：10.

② 莫源秋，唐翊宣，刘利红. 幼儿教师与幼儿有效互动策略[M]. 北京：中国轻工业出版社，2015：1.

(4)师幼互动的发起者，可以是教师，也可以是幼儿；师幼互动可以是一对一的互动，也可以是一位教师发起与一群幼儿的师幼互动，还可以是一群幼儿发起与一位教师的师幼互动；师幼互动可以以传授知识和技能为目的，也可以以情感交流为目的。

(5)师幼互动是一个连续的动态过程。师幼互动是一个动态的交流过程，而非一个静态的结构。在这一过程中，教师与幼儿的互动时时、处处都在进行，并且互动的发起者是不断变化的，有时教师是互动的发起者，有时幼儿是互动的发起者，互动的内容、活动的形式也是不断变化的。

2. 幼儿园师幼互动的要素

师幼互动的发生，必须包含以下三个要素：幼儿教师、幼儿以及互动。那么，什么是互动呢？从词源上看，“互”是交替、相互，“动”是起作用或变化，使感情起变化。互动是两个主体间的交互行为，互动与交往、沟通、合作有相通之处。“交”有相互接触之义，“往”表示“去”，交往(communication)则相当于互动，是两个主体之间不同形式的互动和往来。互动有广义和狭义之分。广义上的互动是指一切存在物的相互影响与相互作用。狭义的互动是指在一定社会背景与具体情境下，人与人之间发生的各种形式、各种性质、各种程度的相互作用和影响。因此，互动又称相互作用，指人与人之间的心理交互作用或行为的相互影响，是一个人的行为引起另一个人的行为或改变其价值观的任何过程。①

因此，师幼互动的核心在于“互动”，是师幼中的一方引起另一方行为或改变其价值观的过程。要注意的是，这种影响与改变不是单向的，不仅仅是教师对幼儿的影响与改变，同时，幼儿也在影响与改变着教师。

3. 影响幼儿园师幼互动的因素

探索师幼互动的影响因素，无非就是从教师和幼儿这对二元主体出发，还可以考虑环境等外部条件的影响。首先考虑幼儿自身的主要因素，包括性别、性格特点、气质类型、个体能力(理解能力、语言表达能力)。其次考虑教师的因素，包括价值观和教育观念、教师期望、自我反思意识、语言方式、学历等。有研究

① 章人英. 社会学词典[M]. 上海：上海辞书出版社，1992：15.

者通过研究得出结论：坚持“儿童中心观”的教师比坚持“教师中心观”的教师与幼儿展开互动的频率更高，时间更长，教师敏感性较强，对幼儿行为的反馈更为及时，师幼关系也比较亲密。

【延伸阅读①】

幼儿座位排列方式对师幼互动有影响吗?

幼儿座位的排列方式主要有秧田式、马蹄形、圆形(见图 5-1 至图 5-3)三种，它们对师幼互动的频率和师幼互动的心理氛围都有一定影响。

1. 秧田式座位排列方式

教师站在前面，给幼儿一种居高临下的感觉，不利于师幼互动。另外，教师在组织教育活动的过程中，目光习惯于落在前排，教师与前排幼儿的互动比较频繁，因此前排区又叫作“行动区”。在“行动区”之外的区域则是教师视觉上的“盲区”，处在教师视野“盲区”的幼儿很难参与师幼互动。

秧田式的座位安排，不但会对幼儿的心理健康造成负面影响，而且很难保证每一个幼儿都能参与积极的师幼互动。

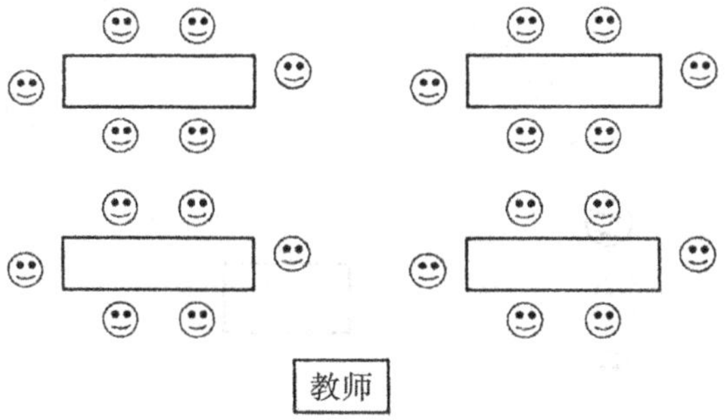

图 5-1　秧田式座位排列方式

① 莫源秋，唐翊宣，刘利红. 幼儿教师与幼儿有效互动策略[M]. 北京：中国轻工业出版社，2015：5-7.

2. 马蹄形座位排列方式

马蹄形的座位排列方式既有利于教师控制整个教育活动，又方便教师在每个幼儿身边走动，观察他们的学习情况，并在必要时给予帮助，能很好地体现师幼互动过程的均等性。当教学活动内容需要教师做必要的讲解时就可以采用此种模式。同时由于这种排列方式使中间有足够的场地，所以在教学活动内容中需要角色扮演时，也可以采用此种方式。

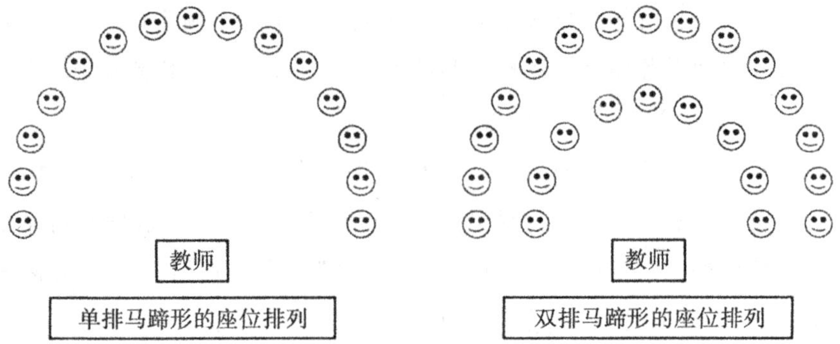

图 5-2 马蹄形座位排列方式

图 5-3 圆形座位排列方式

3. 圆形

圆形的座位排列方式就是让全班幼儿围成一个圆形。从空间特性上看，它消除了座位的主次之分，使每个幼儿都能够平等地参与教学活动，并且教师处在圆的中心即幼儿的中间，不再是知识的化身，也不再是教学活动的权威控制者，有利于轻松的教学活动氛围的形成以及幼儿交往范围的扩大和友好师幼关系的培养，从而激发幼儿参与教学活动的积极性，使他们敢于在教学活动中表现自我，发表不同的意见。在教学活动内容中需要集体讨论或者角色扮演时，就可以采用此种方式。

(二)幼儿园师幼互动的价值

1. 良性的师幼互动有助于提升幼儿园教育教学的质量

师幼互动贯穿于幼儿园一日生活的始终，是幼儿园各项教育活动开展的基础，也是幼儿园保教目标得以实现的基本手段。幼儿从进入幼儿园开始，师幼互动就已经发生了，幼儿向教师问好，接过教师手中的早餐，参与教师组织的各项活动，离开幼儿园时的一声“再见”，都是师幼互动的行为。良性的师幼互动能提升幼儿园一日生活各个环节的质量，恶性的师幼互动会影响幼儿园一日生活的开展，降低保教质量。因此，重视幼儿园的师幼互动，促进师幼互动的良性发展，提升师幼互动的质量，是幼儿园保教质量得以提升的关键。

2. 积极的师幼互动有助于促进幼儿的全面发展

积极的师幼互动有助于促进幼儿社会性的发展，包括以下几个方面：第一，通过师幼互动健全幼儿的社会性人格。幼儿处于身心快速发展的阶段，这也是其人格发展的关键时期，积极的师幼互动有助于培养幼儿自立、自尊、自信、自强等美好的人格特征，使其在社会交往中有良好的人格表现，以更好地适应社会。第二，通过师幼互动培养幼儿的亲社会行为。3—6 岁是幼儿走出家庭、走向社会的关键阶段，教师在幼儿走向社会的过程中起着非常重要的作用，好的师幼互动才能形成好的师幼关系，使幼儿更享受社会交往，乐于参与社交活动。第三，通过师幼互动满足幼儿的社会心理需要。幼儿心理学家普林格尔考察了儿童的社会心理需要，并从它们的实际目的出发，将它们分为爱及安全感的需要、对新体验的需要、对于赞扬与认可的需要、对于责任感的需要。积极的师幼互动，能满足幼儿对这些心理情感的需要。

3. 优质的师幼互动有助于发展幼儿教师的专业能力

师幼互动的质量，体现着幼儿教师的专业水平。能够为幼儿提供优质师幼互动的教师，其专业能力水平也较高。优质的师幼互动对幼儿教师专业能力发展极有帮助：第一，提升教师的专业理念；第二，提升教师观察幼儿的能力；第三，提升教师营造良好互动氛围的能力；第四，提升教师应用情绪智力的能力；第五，提升教师积极的行为指导能力。①

【延伸阅读】

好的师幼互动的基本特征②

好的师幼互动应该具有如下七个特征：

(1)每个幼儿的身心能力在原有的基础上得到了适当的发展。

(2)每个幼儿的各种需要都得到了适当的关照。

(3)每个幼儿都有同等的机会。

(4)幼儿的主体性都得到了充分的发展和发挥。

(5)每个幼儿都能感受到教师的温暖。

(6)师幼开启互动和应对互动的时机合适，有利于师幼互动往积极方向发展。

(7)教师和幼儿开启的互动都受到同样的重视。

二、幼儿园师幼互动的特征③

从目前优质师幼关系的人际、交往、互为主体三个维度出发，理想中的师幼

---

① 段缓缓．良好的师幼互动及教师专业素养要求[J]．读与写·下旬刊，2015(06)：16-19.

② 莫源秋，唐翊宣，刘利红．幼儿教师与幼儿有效互动策略[M]．北京：中国轻工业出版社，2015：5.

③ 刘晓红．师幼互动方法与实践[M]．武汉：武汉大学出版社，2015：6-7.

互动的特征主要包括以下几个方面：

1. 互动性

师幼关系的互动性应该体现相互性和双向性，但实践中的情况并不完全如此。教师与幼儿之间的双向互动变成了单方面的倾斜，大致有几种表现：

(1)教师——幼儿的“代言人”，幼儿——教师的“应声虫”；

(2)教师——“抛球者”(言说者)，幼儿——“接球者”(倾听者)；

(3)教师——规则的维护者，幼儿——规则的执行者；

(4)幼儿——教师的“玩具”，教师——“玩具”的操纵者。

教师与幼儿之间的真正互动应该是一种双向交流活动，在互动中进行沟通、理解、交流，使彼此的经验、知识、思想、价值、意义、情感、态度等都显现出来，并对对方产生一定的影响。

2. 平等性

在幼儿园的教学活动和生活活动中，由于幼儿年龄偏小，教师在承担教学任务的同时需要担负幼儿绝大部分的日常生活保育工作，无形中对于幼儿的认识会出现偏差。在日常生活中，民主平等的师幼关系常受到挑战。民主的师生关系要求教师要有倾听的态度，应尊重幼儿的各种不同的学习方式、理解水平，对幼儿回答的问题进行理解性分析，以激发幼儿不断思考的兴趣。

3. 互主体性

教师与幼儿的互主体性(主体间性)是在活动中得以实现的，进一步讲，互主体性只有在相互交往的活动中才能体现出来。师幼互动体现互主体性，要求教师不仅要以适宜的方式向幼儿提出问题、建议，还应有充分的准备去迎接幼儿提出的问题、建议等。互主体性体现为从对方那里得到体认，彼此映照，从对方那里“看到”自己。教师的主体性与幼儿的主体性之间能够通过一定的交往行为得到相互体认。

4. 差异性

教师在与幼儿沟通交流的过程中应注重幼儿的个别差异性，每个幼儿都是一个独立、完整的个体，他们之间在各个方面存在着差异。这些差异体现在以下几个方面：首先，每个幼儿的先天遗传素质具有差异性；其次，每个幼儿在生活环境方面有其差异性；再次，每个家庭的教养方式也具有差异性。以上三个方面的基本差异，可导致幼儿在性格、气质、优势智力、生活习惯等多方面的差异。因此，作为教师，应当认识幼儿的个体差异，尊重幼儿的个体差异，这样才能做到因材施教，保证每一个幼儿充分发展。

三、幼儿园师幼互动的原则①

(一)主体主导原则

主体主导原则是指尊重幼儿的主体地位，发挥教师的主导作用。这是师幼互动教学的前提。在幼儿园中，幼儿是学习的主体、发展的主体。幼儿的学习和发展，只有通过他们自己的学习实践活动才能实现。教师包办代替幼儿的学习实践活动，必然导致幼儿学习效果不佳。因此，必须尊重幼儿的主体地位。教师如果不能顺应幼儿发展的要求，或因循守旧，或放任自流，不去积极地发挥自己的主导作用，那么，幼儿学习和发展的效果也不会理想。

(二)启发探索原则

启发探索原则是指：在教学过程中，教师是引导者，其基本任务是启发诱导幼儿；幼儿是探索者，其主要任务是通过自己的探索发现新事物、新知识。教师的启发，目的在于引起(而不是代替)幼儿的探索。启发探索是师幼互动教学的基本方式之一。

幼儿的发展离不开探索，探索是一种高度独立的行为。引发幼儿探索的主要方式是启发诱导，命令式、注入式、满堂灌是引发幼儿探索行为的大忌。在一定的阶段，幼儿的探索是要靠教师启发的。幼儿探索的愿望越强烈，探索性行为越多，探索的结果越好，则表明教师的启发越有成效，表明教师的主导作用与幼儿的主体积极性结合得越圆满。

(三)民主愉悦原则

民主愉悦原则是指：在师幼互动过程中，教师与幼儿要平等对话、相互尊

① 刘晓红. 师幼互动方法与实践[M]. 武汉：武汉大学出版社，2015：7-9.

重、相互启发，保证幼儿有良好的心境和愉悦的情绪。这是师幼互动教学的重要保证。权威抑制创造，权威抑制发展，师幼互动需要民主。只有民主平等，幼儿才能积极思考，大胆想象，不断产生新观念、获得新知识、得到新发展；否则，幼儿时时处处看教师的脸色行事，唯教师的观点是从，其思维必然狭隘僵化。

(四)因材施教原则

因材施教原则是指：根据幼儿的个性差异，为幼儿提供不同的帮助，扬其所长，补其所短。这是师幼互动教学的客观要求。世界上没有两个完全相同的人，每个幼儿都有其不同于他人的个性特点，如"优势智力"不同、兴趣爱好不同、需求动机不同、能力倾向不同等。教师若不顾及这些"不同"，简单地使用某种单一的和固定不变的教学方式去对待所有的幼儿，其结果不是"削足适履"，就是"揠苗助长"，戕害幼儿的发展。在师幼互动教学中若不坚持因材施教，则决然不能达到预期目标。

(五)积极评价原则

积极评价原则是指：对幼儿在互动学习中的态度、方法和成果，要坚持正面观察，多肯定、多表扬、多鼓励，尽量做到不批评、不指责。评价，作为一种教学手段，有积极和消极之分。研究表明，积极评价不仅容易激活情绪，使幼儿进入兴奋状态，而且还告诉幼儿"这样做是对的"，使幼儿的行为有明确的正面依据；而消极评价不仅容易使幼儿情绪消沉，而且还告诉幼儿"这样做是不对的"，并没有给幼儿指出正面行动的方向，缺乏操作性指导。因此，在师幼互动教学中要坚持对幼儿多进行积极评价，少进行、甚至不进行消极评价。

第二节　幼儿园师幼互动的实践案例

师幼互动贯穿于幼儿园一日生活的方方面面，是幼儿园开展各项教育教学的重要手段，是实现幼儿园各层教育目标的重要保证，是促进幼儿身心健康发展的必不可少的要素。了解师幼互动的相关理论，只解决了"是什么"的问题，而要充分发挥师幼互动的教育价值，实现幼儿园的教育目标，关键在于解决"怎么做”的问题。师幼互动存在哪些类型？如何优质、高效地在幼儿园的一日生活中实施师幼互动呢？通过本节的学习，学习者能掌握师幼互动的类型及实践应用的技能。

一、幼儿园师幼互动的类型

关于师幼互动的类型，研究者从不同的角度可将互动划分成不同的类型：

(1)根据师幼互动的性质不同，可将互动划分为亲子型互动、平等型互动、伙伴型互动、后喻型互动、互立型互动。

(2)根据互动行为对象多少的不同，以班级为单位，可将互动划分为师班互动、师组互动和师个互动。

(3)根据互动内容性质的不同，可将互动划分为事务型互动和情感型互动。事务型互动指师幼交往的内容在一些具体的事务中进行；情感型互动指师幼互动基于双方的情感，不涉及具体事务。

(4)根据互动表达出来的立场的不同，可将互动划分为肯定型互动、否定型互动和中性互动。肯定型互动指师幼双方在互动中传递出来的信息是一种肯定的、积极的意愿，否定型互动传递出来的则是否定的、消极的意愿，中性互动传递出来的意愿无涉立场。

(5)根据师幼交往的目的、方式等因素，可将互动划分为严厉型互动、民主型互动、开放学习型互动、灌输型互动。

(6)根据师幼互动的中介不同，可将互动划分为直接互动和间接互动。直接互动是教师与幼儿的直接互动，间接互动是教师通过环境中介与幼儿进行的间接互动。

(7)根据师幼互动的表征形式不同，可将互动划分为言语式互动和非言语式互动。言语式互动指教师通过语言与幼儿沟通、交流的互动；非言语式互动指教师与幼儿之间没有言语表达，通过眼神、肢体动作等非言语的方式进行的互动。

(8)根据互动行为发出的主体不同，可将互动划分为教师开启型互动和幼儿开启型互动。

……

综上所述，笔者认为，依据师幼互动的性质不同进行的划分，更能体现师幼互动的本质特征，故而在本书中深入探讨亲子型、平等型、伙伴型、后喻型、互立型五种师幼互动类型。

（一）亲子型师幼互动

亲子，“亲”是指孩子以外的家庭内部成员，主要指孩子的双亲，“子”是指孩子。[①] 亲子关系是指亲代和子代之间的遗传关系，在心理学中是指父母与孩子之间的关系。亲子关系通常可分亲密和冲突两个维度，且亲密和冲突是并存的亲子关系。[②] 亲子型师幼互动，是指师幼之间以亲子的模式进行互动。幼儿教师与幼儿之间并不存在遗传关系，并非真正的亲子，但是在亲子型师幼互动中，教师在心理上、行为上类似幼儿的“父母亲”，幼儿类似教师的“孩子”。在幼儿园中，常常听到幼儿喊园长“园长妈妈”，喊老师为“老师妈妈”，就是这种类型师幼互动的典型表现。

亲子型师幼互动可分为亲密互动和冲突互动两个维度。亲密互动是指幼儿教师与幼儿之间以亲密、积极、正向的行为互动，且拥有亲密的情感关系；冲突互动是指幼儿教师与幼儿之间在心理或外显行为中的敌对状态，如师幼之间产生分歧、斥责、抱怨、争吵，甚至身体冲突等。

（二）平等型师幼互动

平等型师幼互动是指教师与幼儿在人格是平等的，以平等的方式进行的互动。平等型师幼互动打破“教师为上，学生为下”的传统师幼关系，是当代比较倡导的良性的师幼互动类型。平等型师幼互动强调幼儿的主体位置，把话语权交还给幼儿，实现教师与幼儿之间的平等对话。在平等型师幼互动中，教师能够与幼儿进行更为广泛的平等交流与互动，幼儿也能够给予教师一定的反馈信息，再借助一些正向性和鼓舞性的引导，就能让幼儿体会到教师对他们的重视与关注，体验到自尊感，从而进一步激发互动的愿望。显而易见，将教师定位于与幼儿平

---

① 百度百科：https：//baike. baidu. com/item/亲子/4609493？fr=aladdin.

② 王婉纯. 亲子关系、师幼关系与幼儿攻击行为的相关研究[D]. 黄石：湖北师范大学，2017.

等的地位是切合需求论的，也是现阶段推动教师给予幼儿尊重的必要途径。

（三）伙伴型师幼互动

伙伴型师幼互动是指在师幼互动过程中，教师以幼儿的小伙伴、好玩伴的身份与幼儿进行的互动。换言之，就是要求教师抛开“师者”的身份，转换成幼儿的伙伴，当幼儿的朋友，参与到幼儿的活动中来，与幼儿进行“平辈互动”。

伙伴型师幼互动看似简单，实则对教师的要求比较高。首先，在专业上，教师要具备一定的学前教育专业知识，懂得该年龄阶段的幼儿在生理、心理上的特征，才能更好地扮演幼儿的“朋友”，用儿童的语言与幼儿进行对话；其次，在心理上，教师需要放下“教育者”“引导者”的身份，让自己变成活动的“参与者”；最后，在情感上，教师需要有“同理心”，能感受幼儿当前的情绪情感，并对此做出幼儿需要的行为上或者情感上的回应。

（四）后喻型师幼互动

著名的人类学家玛格丽特·米德在其《文化与承诺》一书中，从文化传递方式的差异出发，将整个人类文化划分为三种基本类型：前喻文化、并喻文化与后喻文化。前喻文化是指晚辈要向长辈学习，并喻文化是指晚辈和长辈的学习都发生在同辈之间，后喻文化则是指长辈反过来向晚辈学习。① 将该理论投射于师幼互动，则后喻型师幼互动是指师在幼互动过程中，教师充当学习者的角色，向幼儿学习的互动类型。后喻型师幼互动主张幼儿是互动的主体，幼儿有学习的能力，教师适当充当“无知者”，与幼儿互动的过程成为师幼共同学习、探索的过程。在后喻型师幼互动中，教师应当做到：①教师是幼儿的支持者与促进者；②教师是幼儿共同活动的探讨者；③教师是虚心的“学习者”；④教师是幼儿平等的对话伙伴。②

（五）互立型师幼互动

《礼记·学记》曰：“是故学然后知不足，教然后知困。知不足然后能自反

① 吴彩红. 从后喻文化视角解读师幼关系[J]. 幼儿教育，2006(07)：63.

② 吴彩红. 从后喻文化视角解读师幼关系[J]. 幼儿教育，2006(07)：63.

也，知困然后能自强也。故曰教学相长也。”古人所谓“教学相长”正是互立型师幼互动的诠释。互立型师幼互动，是指教师和幼儿相互影响和促进，共同提高、共同发展的互动。互立型师幼互动强调双主体的师幼关系，在互动中，教师与幼儿是学习的共同体，相互影响，相互作用，从而促进双方的共同发展。

互立型师幼互动要求在互动过程中，教师与幼儿之间身份灵活地切换，以达到“教学相长”的互动效果。这一类型的互动，既不过于强调教师，也不过于强调幼儿，而是主张师幼之间达到平衡的状态。

二、幼儿园师幼互动实践的案例分析

（一）幼儿园亲子型师幼互动实践的案例分析

幼儿园的一日生活安排里包括幼儿的衣食住行，幼儿教师除了对幼儿进行教学外，还需要照顾幼儿的日常生活。因此，亲子型师幼互动在幼儿园中是最基础的、最常见的，也是必不可少的一种互动方式。教师在幼儿园中实施亲子型师幼互动的策略有以下几点：

1. 营造“家”的环境氛围，帮助幼儿在幼儿园获得安全感、依赖感、依恋感

【案例】

亲亲小屋

Windy 刚入园时爱哭，要找妈妈。三位老师为孩子创设了“亲亲小屋”的私人空间，里面有一些毛茸茸的小熊、小兔子等玩具和一些椅子、抱枕等，老师告诉 Windy：“你可以将你心里不开心的事情告诉小熊和小兔子，可以哭。想妈妈了，可以找老师，老师当你的妈妈。”

（广州市第二幼儿园，沈文娜）

从案例中可以看出，亲子型师幼互动注重“家”的环境氛围，教师充当“爸爸妈妈”。越年幼的儿童，越需要亲子型的师幼互动。在幼儿园小班活动室中，通常会创设“娃娃家”的区域，以便亲子型师幼互动的发生。

2. 运用语言、肢体动作、眼神等与幼儿互动，表达“爱”与“关注”

【案例】

林林上幼儿园

从林林刚进入幼儿园开始，黄老师就常蹲下来和他一起说话，时时在生活中、游戏中摸摸他的小手和头。黄老师经常用语言表达自己对林林的关心：“林林今天有没有多喝水?”“今天的饭菜好吃吗?”“今天中午睡得很好吧?”过了半个学期后，林林的妈妈告诉黄老师，林林在家里经常会说：“老师喜欢我，老师像妈妈。”

（华南理工大学幼儿园，黄曼妮）

亲密接触与关注是亲子型师幼互动的两大要素。在上述案例中，黄老师与幼儿亲密接触，并密切关注幼儿的需求，是亲子型互动中最常用的策略之一。

亲子型师幼互动应用起来并不难，但是在实践中，需要注意以下两点：

(1)教师容易以“长者”自居，要求幼儿服从权威。例如，在互动中，当幼儿与教师有分歧时，教师往往容易有“权威心态”，认为“我是老师，应该听我的”。

(2)教师容易产生“母性”心理，过度保护或照顾幼儿，反而会剥夺幼儿成长与发展的机会。

(二)幼儿园平等型师幼互动实践的案例分析

平等型师幼互动要求教师在互动过程中，既不过分强调幼儿，又不刻意凸显“师尊”，在实践中比较难把握。

【案例】

不一样的你

5岁的瑞安在书写区活动，雷玛老师打算参与其中。雷玛老师回忆起之前与瑞安的互动，她想：“做事有条理是我的风格，但这与瑞安的风格完全不同。瑞安会突然从座位上站起来，飞奔到图书区寻找书中的一张图片。这一分钟他还在使用马克笔，下一分钟他就使用彩色铅笔了。以往，我认为他注意力不集中，甚至是很调皮。但这只是他的性情的表现，他的性情与我的性情不同——没有好坏之分，只是不同而已。我需要记住的是，瑞安只是在做他自己。他不必非得像我一样行事。我要接受他的性情、欣赏他的努力，甚至朝他微笑，与他建立联系。”

（摘自：《有力的师幼互动——促进幼儿学习的策略》）

从上述案例可以看出，雷玛老师能够意识到幼儿是独立的个体，每个幼儿都有自己的个性与特征。在互动过程中，尽管瑞安的行事风格与老师完全不同，但是，雷玛老师能够允许差异的存在，不给小瑞安贴标签，不强迫孩子去改变，与孩子建立良好的师幼关系。

（三）幼儿园伙伴型师幼互动实践的案例分析

在伙伴型师幼互动中，教师不主导互动，懂得将自己的角色变成友好的“玩伴”，这对幼儿能愉快、主动地学习起到极大的推动作用。

【案例】

有趣的邮筒

班上正在进行“给你一封信”的主题活动，孩子们对邮筒产生了浓厚的兴趣，纷纷从家里带来了各种图片和资料。后来孩子们决定做一个大邮筒放在幼儿园门口给小朋友们寄信。大家收集来了大纸箱、塑料筒、长纸筒等，这么多的东西摆在眼前，孩子们反而茫然了，一时无从下手。老师高兴地说：“哇！我们这下真的可以做一个超级漂亮的大邮筒啦！”孩子们听了也兴奋了，纷纷动起手来。

基本形状做好了以后，孩子们反而为一些细节问题为难。圆柱形组的孩子为了做邮筒的底座犯愁了，因为纸板太厚，他们剪不动，老师走过去用大剪刀给他们剪了一个漂亮的底座；方形组的孩子为了邮筒上的标志而争吵起来："标志应该是一个黄色的楼梯。""不对，是一个小旗子飘的样子。""应该是天安门的样子。""不对，邮筒是寄信用的，要画一封信。""邮筒上不应该有画，要写字。"……老师将一本孩子自制的邮筒画册递给他们，孩子们很快就从书上找到了满意的答案。大家都做得非常开心。

（http：//fanwen. jianlimoban. net/341571/）

这是典型的伙伴型师幼互动的案例，分析上述案例，可见伙伴型师幼互动的策略：①幼儿是互动的主导者，决定互动的内容及方向。在上述案例中，"做邮筒"是幼儿基于自己的兴趣发起的活动，而不是教师要求幼儿去做的。②教师是活动的参与者与支持者。在上述活动过程中，教师始终关注着幼儿的学习，并时刻做好激发师幼互动和受动反馈的准备。当幼儿遇到困难时，教师以伙伴的身份提出更有建树的意见与建议，推动幼儿的深度学习。

在伙伴型师幼互动的实施过程中，教师应该把握幼儿的"最近发展区"，提升自身观察与决断的能力，清楚自己应该在什么情况下以伙伴身份与幼儿互动、如何互动等，在互动过程中"让幼儿踮踮脚尖、跳一跳就能摘到果子"，切忌过度参与与支持。

（四）幼儿园后喻型师幼互动实践的案例分析

后喻型师幼互动，并不是要求教师"真的不懂"，而是让教师在适当时机用"善意的谎言"勇于说"我也不知道"，让教师的"示弱"，激发幼儿的好奇心与探索的欲望，为幼儿创造更多的自主学习的机会，提升幼儿自我解决问题的能力。

【案例】

金鱼怎么了？

今天，欣欣跑来问我："王老师，我发现有条金鱼死了。"我把那条金鱼从鱼缸里捞了出来，孩子们闻声都围了过来，小家伙们你一言我一语地谈论起来："太伤心了，我可喜欢它了呢！""不对呀，它还睁着眼呢！"平时调皮的宇建说："它不是死了吗？还睁着眼睛，难道它不难受吗？"我确定鱼是死了，可是为什么鱼眼睛没有闭上，我还真的不清楚原因。于是，我说："这个问题我也不知道呀，这可怎么办呢?"宇建有点惊讶："啊? 老师也不知道啊!"此时，孩子们有的说查百度，有的说查百科全书，我暗暗地为他们高兴。这时，只听思源喊道："我知道，那是因为鱼是没有眼睑的，它的眼睛闭不上，鱼活着的时候也不会闭眼的。"孩子们终于知道他们想知道的答案了，看得出来他们很开心，我也是从思源那儿学到了知识。

（https：//rj. 5ykj. com/HTML/55084. htm）

从案例中可以看出，王老师运用的是后喻型的师幼互动。在与幼儿互动的过程中，王老师很坦诚地告知孩子们自己也不知道答案，虚心向孩子们学习。在日常生活中，孩子们把教师当成了百科全书，有了任何问题和困难都会第一时间来到教师身边寻求答案。这个时候，后喻型师幼互动可以帮助教师更好地处理：第一，教师确实不知道答案，鼓励幼儿说出他们的答案或者自己寻找解决问题的方法；第二，教师知道答案，但是却告诉幼儿"不知道"，给幼儿自主寻找答案的机会。

(五)幼儿园互立型师幼互动实践的案例分析

【案例】

神奇的含羞草

午饭后，我带着孩子们去散步。经过中一班的植物角时，有人说："快来看呀！有含羞草。"孩子们都被这句话吸引过去了，用小手轻轻地碰含羞草的叶子，看着含羞草合起来。这时，然然问道："黄老师，为什么别的叶子不会动，含羞草的叶子会动呀?"这可把我问倒了，我确实不知道答案呢！"我也不知道，不过这可真神奇，我也想知道是为什么呢!"……

于是，在接下来的一周时间内，我们班开展了"神奇的含羞草"主题活动，在植物角也种上了含羞草，大家能更全面地了解含羞草的相关知识。

（广州市番禺区直属机关幼儿园，黄秀珍）

互立型师幼互动与后喻型师幼互动有相似性。两者的区别在于：后喻型师幼互动是强调教师在互动中向幼儿学习，是单向学习的过程；而互立型教师互动则倡导教师与幼儿在互动中相互学习，是双向学习的过程。互立型师幼互动能促进师幼的共同成长，因此在实践中，教师应该做到：

第一，树立一个终身学习者的模范。教师是幼儿学习的榜样。在互立型师幼互动中，教师应该是一个对世界保有好奇心、对学习充满热情的形象。如在上述案例中，对于幼儿提出的问题，教师与幼儿一样，也有探知的欲望。

第二，师幼共同主导学习过程，共同创造学习环境。互立型师幼互动的过程，是师幼相互作用的过程，因此，在开展主题活动的过程中，教师和孩子们一起布置环境，一起讨论，一起分享。

在实践过程中，教师可通过文字、照片、视频等方式，多记录与幼儿互动的情况，分析自己运用的是哪种互动方式，运用的效果如何，可以有哪些调整与提升等，从而不断提升师幼互动的质量，促进教师与幼儿的共同发展。

【思考题】

一、简答题

1. 简述幼儿园师幼互动的概念及其特征。

2. 简述师幼互动的类型。

二、案例分析题

帕特老师迅速扫视了一遍教室，看看每个人都在做什么。当她的目光扫过沙桌时，她看到乔乔正在玩一辆自卸卡车。帕特老师想：教室里非常安静，到现在为止一上午都进行得很顺利。乔乔独自坐在沙桌旁，此时，与他一对一地互动几分钟，倒是一个好时机。帕特老师来到沙桌旁蹲下，试着与乔乔建立联系。帕特老师说："乔乔，你又在玩自卸卡车啊！我发现，你经常玩这辆车。我看到你正在用铲子往车里装沙子。"乔乔抬头看看帕特老师，笑了笑。他放下铲子，把车推到老师面前。帕特老师也朝他笑了笑。帕特老师想：嗯，我已经与乔乔建立了良好的联系，我怎么用它拓展乔乔的学习呢？我想知道，乔乔是否能够解释自卸卡车是怎样工作的。帕特老师说："你对卡车很了解，乔乔。昨天我看到一辆自卸卡车，想问你一个问题，你能告诉我自卸卡车是如何工作的吗？"乔乔指着卡车一侧的操纵杆。帕特老师想：他的确知道自卸卡车是怎么工作的，但他没有使用“操纵杆”这个词。我要把这个词教给他。帕特老师说：“哦！要卸沙子，就推一下操纵杆。”乔乔跟着说：“推一下操纵杆。”他抓起老师的手放到操纵杆上。然后，他们一起推下去，沙子就从卡车里倒了出来。他们一起笑了。乔乔说：“推！用力推！”他们又一起给卡车装沙子。

1. 在上述案例中，帕特老师与乔乔是如何进行互动的？

2. 你认为帕特老师与乔乔的互动有哪些优缺点？针对不足的地方，你认为怎么调整更适合呢？

三、论述题

1. 试论述当前我国幼儿园师幼互动中存在的问题。

2. 论述幼儿园教师提升师幼互动能力的策略。

【参考文献】

[1]刘晓红. 师幼互动方法与实践[M]. 武汉：武汉大学出版社，2015.

[2]莫源秋，唐翊宣，刘利红. 幼儿教师与幼儿有效互动策略[M]. 北京：中国轻工业出版社，2015.

[3][美]埃米·L. 多姆布罗，朱迪·贾布朗. 有力的师幼互动——促进幼儿学习的策略[M]. 王连江，译. 北京：中国轻工业出版社，2018.

[4]柳茹. 师幼互动中的教师适宜应答策略研究[M]. 北京：教育科学出版社，2014.

[5]刘晶波. 师幼互动行为研究：我在幼儿园里看到了什么[M]. 南京：南京师范大学出版社，1999.

[6]张晓梅. 师幼互动质量对学前儿童学习品质的影响及其教育促进[M]. 哈尔滨：黑龙江大学出版社，2018.

[7]刘晶波. 师幼互动的总体特征及其功能[J]. 幼儿教育，1998(11)：10.

[8]唐怡. 关于师幼互动的文献综述[J]. 人间，2016(26)：98.

[9]段缓缓. 良好的师幼互动及教师专业素养要求[J]. 读与写·下旬刊，2015(06)：16-19.

[10]王婉纯. 亲子关系、师幼关系与幼儿攻击行为的相关研究[D]. 黄石：湖北

师范大学，2017.
[11]吴彩红. 从后喻文化视角解读师幼关系[J]. 幼儿教育，2006(07)：63.
[12]李丽，魏玉华，张长英. 幼儿园教师关于教学活动中高质量师幼互动特征的内隐观分析[J]. 学前教育研究，2017(10)：38-48.
[13]蒋路易，郭力平，吕雪. CLASS 视角下师幼互动研究的元分析——基于中国 14 省市 892 名教师的师幼互动质量评估结果[J]. 学前教育研究，2019(04)：32-44.
[14]宋爱芬，盖笑松. 学前教师资质与师幼互动质量的关系研究[J]. 现代基础教育研究，2019，36(04)：126-133.
[15]马雪，张晓梅. 师幼互动质量评估工具研究的最新进展及启示[J]. 宁波教育学院学报，2019，21(06)：97-102.
[16]王梦雪. 师幼互动中教师的倾听和回应——基于列维纳斯的他者伦理思想[J]. 阜阳职业技术学院学报，2019，30(03)：97-99.

第六章　学前儿童家庭与社区教育

导读

本章主要探讨学前儿童生活的三个场域——家庭、幼儿园、社区对其成长的重要意义。因为任何一种经验都会对儿童的知觉场造成冲击，或好或坏、持续地影响着儿童的发展，所以目前世界各国学前教育发展的趋势，就是要真正实现家庭、幼儿园和社区教育的一体化，建立起各个系统之间的相互联系和合作，形成一个整合的动态支持系统。本章通过丰富的案例帮助学习者更好地理解家、园、社区资源的开发与利用，树立大教育的观念，使学前儿童的发展获得“多重保证”。

第一节　幼儿园与家庭的合作共育

《幼儿园教育指导纲要(试行)》中指出：“家庭是幼儿园重要的合作伙伴，应本着尊重、平等、合作的原则，争取家长的理解、支持和主动参与，并积极支持、帮助家长提高教育能力。”家庭教育是学校教育的基础。家长人数众多，号召力大，推动力强，如果家长都和学校配合教育孩子，家、校结合地贯彻党的教育方针，就会形成巨大的教育力量和尊师重教的社会风气，进而推动全社会共同办好教育。①

---

① 陈太忠，夏如波．学前儿童家庭教育[M]．南京：南京大学出版社，2014：158.

陈鹤琴先生说过：“儿童在没有进学校之前，一天到晚最亲近的人当然就是父母。父母的言语动作，最是儿童所习所闻的。就是进了学校之后，放学回家，还是和父母在一块儿，如果父母的知识习惯好，儿童早已受到好的家庭教育，再加上学校教育，自然就相得益彰。父母的知识习惯不好，那么儿童在未进学校之前，无形之中早已养成不良的习惯，学校教育就算很好，也就收效甚微了。”①

一、幼儿园和家庭合作共育的价值

（一）有益于幼儿和谐健康成长

幼儿园与家庭合作共育，是促进儿童全面和谐、健康快乐成长的需要。正如前文所述，儿童的发展是其与环境相互作用的结果。幼儿园和家庭及时沟通，通过双方的交流与互动来了解彼此的想法，家园双方发挥各自的优势，协调好环境中各个教育要素之间的关系，一起助力儿童成长。

（二）有利于幼儿园教育质量提升

幼儿园与家庭合作共育，开展活动，是提高教育质量的需要。幼儿园和家庭是学前教育的两个重要场所，只有两者协调一致，才能更好地实现学前教育的目标、任务和内容，发挥教育的整体功能。幼儿园积极利用家庭的物力、人力资源，补充、完善幼儿园教育。比如，家长提供废旧物品布置活动区域、进行家庭图书漂流活动、家委会协调事务、家长助教走进幼儿园活动现场……提升了幼儿园教育的质量，提高了对儿童教育影响的一致性和有效性。

（三）有助于家长教育素质增强

实践证明，家长积极参与幼儿园的活动，与幼儿园密切合作，不仅能使家长更好地意识到自己的教育责任，增强教育的自信心，改善家园关系，而且能使他们对幼儿园的教育活动了解更多。家长们会与时俱进地更新教育理念，了解幼儿园的教育策略和方式，认识到自身言行举止在孩子心中的榜样性，进而家长们会

---

① 陈鹤琴．家庭教育[M]．上海：华东师范大学出版社，2013：172.

从转变自身行为做起，给孩子营造良好的成长环境，使得家庭教育走向科学化、艺术化。

二、幼儿园和家庭合作共育的实证研究

(一)现状调研

此次现状调研通过问卷法来进行，即对幼儿家长发放调查问卷，了解家园合作共育的现状。问卷由两部分组成：①家长的基本信息，如幼儿的班级、家长的情况等；②主体部分，主要是封闭式的选择题，内容主要涉及参与活动的家长类型，幼儿园活动的频率和数量，家长与教师的沟通渠道、关注的内容，家长对待幼儿园活动的态度以及建议等。

在N市三个主城区各选取一家省级优质园，分别随机抽取了大班、中班和小班，各班有30名幼儿，共发放270份家长问卷，回收家长问卷226份，回收率为100%，其中有效问卷226份，有效率为100%。然后对问卷所得数据进行统计、分析。同时辅以访谈法(对幼儿教师和家长进行访谈)进行补充说明。

1. 家长参与幼儿园教育的态度

(1)参与幼儿园教育的家长类型。

家庭是幼儿生活的主要场所，家长作为幼儿的照料者和主要影响者，对幼儿的发展起着重要的作用。在现代社会，已经出现两种教育方式：一种是由父母亲自教育，一种则是由爷爷奶奶辈进行的隔代教育。调查结果显示，在幼儿园举办的活动中，母亲的参与率为81.9%，母亲承担书面任务的占70.8%，父亲的参与率仅为11.9%和5.3%。

在与教师的访谈中，也普遍提到这个问题。

笔者：我们看到，来幼儿园参加活动的基本上是妈妈，很少有爸爸啊，一直都是这样吗?

教师：基本上是的，总是妈妈带孩子，大部分人还是觉得男的带孩子不放心，妈妈比较细心。

笔者：这样的话，我们老师不就和爸爸的接触少了吗?

教师：但这也是不可避免的。现在已经很好了，我们还可以通过电话、QQ和家长联系。

笔者：我们幼儿园会希望爸爸多来参加活动吗？

教师：那当然是希望的，我们班的家长也挺配合的，爸爸有空也会来接孩子，基本上是谁有空谁来接。

通过与教师的访谈，笔者发现幼儿园活动爸爸参与少的原因主要有：①受传统观念影响，认为妈妈比较细心，会带孩子；爸爸粗心，不会带孩子。②爸爸的工作比较忙，没时间参加活动。

(2)家长对参与幼儿园活动的态度。

常言道："态度决定一切。"积极向上的态度能够帮助我们取得成功，这一点也同样适用于幼儿园教育。从调查的数据上看，有158名家长选择支持幼儿园的活动，认为要多安排，家长才能更好地参与；也有57名家长认为幼儿园举办活动可以，但是一两次就够了，不然会妨碍家长的正常工作；还有几位家长则态度消极，认为最好是不要举办活动，因为自身工作太多，太麻烦。这三种结果正好反映了三种不同的态度。从获取的数据上看，绝大多数家长还是保持积极的态度，支持、配合幼儿园的工作，这也有利于幼儿园家长工作的开展。

有一位家长是这么说的："我也是老师，所以会感同身受，家长的配合工作真的挺重要的，如果老师在幼儿园里教得好好的，但是回到家里，家长不配合，5+2=0，再好的老师也没办法。"

还有一位家长也表示："参加过家长开放日之后，真心觉得他们老师不容易啊。我们家里只有一个孩子，家长已经要天天追着跑了，幼儿园里有这么多孩子，就三个老师，精力哪里够得上。我们家长能配合就配合，老师不是也说家园合作才能帮助孩子更好地发展嘛。"

由家长的访谈不难看出，家长对幼儿园活动还是支持的，而幼儿园活动也使他们看见了老师的辛苦，有利于幼儿园家长工作的开展。

2. 家长参与幼儿园教育的情况分析

(1)幼儿园活动的举办频率。

面对"幼儿园举办活动的时间间隔"这个问题，家长有不同看法。一类家长认为幼儿园应当多多举办家长能够参与的亲子活动。这类家长在访谈中提道："我们家长很希望能够参与幼儿园举办的这些活动，也很支持活动，但是很多时候是老师组织的，隔得很长一段时间才举办一次，而且家长希望举办的亲子活动也不多，更多的是听老师讲。不过好的一点是，老师很负责任，少而精，孩子也更懂得珍惜活动的机会。希望老师以后继续努力，举办更多更有趣的活动。"

还有一类家长则持相反的意见。他们认为幼儿园举办活动可以，但是不要太多，一到两次就可以了。这类家长在访谈中是这么说的："我们自己也有工作，每天上班都来不及，晚上回来还要照顾家里。虽然我也知道要教育孩子，但是我实在是精力跟不上。建议幼儿园以后每学期举办一两次活动就可以了，我们家长也同样会支持的。"

据调查，幼儿园的家长活动一般安排在工作日，都是半日活动，或者上午或者下午。

有家长这样说："我觉得，孩子平时在幼儿园的时候，家长也是需要上班的，家长的工作日和孩子上幼儿园的时间是一样的，如果在这几天开展活动，家长就需要请假。有的家长有时间，但是像我们家，两个人都有工作，只能请假。我的建议就是，活动应该放在周五下午举办。"

(2)家长获取幼儿园活动通知的途径。

在参与调查的226个家庭当中，有87.2%的家长表示了解幼儿园举办的活动，11.9%的家长表示有点了解，只有个别家长表示不是很了解。95%以上的家长是通过"家校通"，得知幼儿园近期将举办什么样的活动。表述能力较好的幼儿，如一些中大班的孩子会回家主动向父母转述参与活动的通知。但是基本上没有家长选择自己主动打电话与教师联系，获知这方面的信息。

在与教师的访谈中，一位教师也提道："基本上是老师群发信息，几乎没有家长会有意识地问最近要办什么活动。有些家长确实比较忙，像是医生、护士之类的，哪有时间问这些，但是我们老师的工作还是要做好，用群发短信的方式通知家长。"

在与家长的访谈中，有家长提道："我们家长也不知道幼儿园什么时候会开展活动，大家觉得幼儿园会有自己的安排，我们家长就算给了建议也只会作为一个参考，就选择了直接等通知，但是我们还是会积极配合幼儿园活动的。”

在参与调查的226个家庭中，88人(38.9%)选择经常主动与教师交流，121人(53.5%)选择偶尔与教师交流，只有17人(7.5%)选择没什么时间交流。

从与教师和家长的访谈中发现，基本上家长是等教师在家校通上发放通知，很少有家长会主动询问最近的活动安排。总结原因：①家长参与活动的主人翁意识不强，处于比较被动的地位，由教师主导活动；②家长缺乏了解的途径，很多家长表示除了短信和口头通知，教师也不会采用其他方法，除非是有订图书或者春秋游等类似的活动才会有纸质通知；③家长因工作原因，确实没时间主动了解。此外，幼儿园也缺乏家长参与活动的途径，没有收集、接受和利用家长的建议。

(3)家长参与幼儿园活动的次数。

如图6-1所示，约110名家长在一学期中参加过3~4次的活动，参加过1~2次的家长人数居第二位，而少数家长表示参加过5次以上的活动。从人数分布情况来看，幼儿园至少举办过3次及以上的活动，一学期3~4个月，平均每个月都会有一次家长活动，频率较正常。每个月的活动都是和主题或者节日有关，如有的幼儿园，会结合本月的节日开展相应的家长活动。1月组织搓汤圆、做灯笼；5月组织为妈妈送礼物；6月组织儿童节活动，邀请家长来参加；12月开展圣诞节活动等。还有幼儿园，一学期会举办一次亲子运动会等。

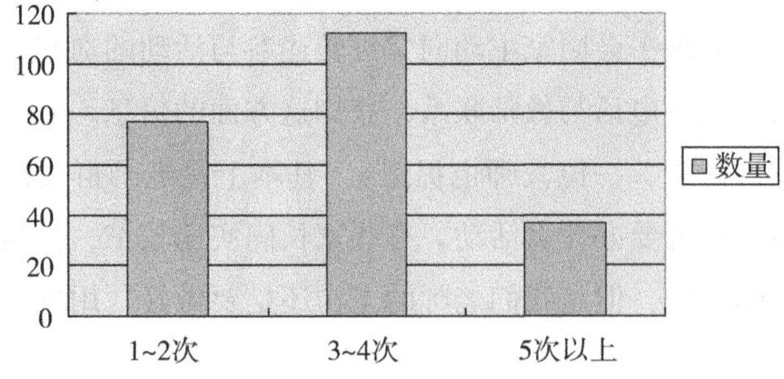

图6-1　家长参与幼儿园活动的次数

3. 家长对幼儿园教育的关注点和建议

(1)家长对幼儿园教育的关注点。

在问卷中，针对家长对幼儿园教育的关注点，笔者设置的是一道多选题。162名(71.7%)家长选择关注幼儿的学习方面，157名(69.5%)家长认为自己比较注重幼儿在园的生活技能的培养，还有98名(43.4%)家长选择关注身体健康方面(见表6-1)。由此可以看出家长对幼儿园教育的关注点。

表6-1　　家长对幼儿园教育的关注点统计表

关注点	人数	百分比
学习方面	162	71.7%
生活技能方面	157	69.5%
身体健康方面	98	43.4%
补充	1. 幼儿在园与同伴的相处； 2. 幼儿保持心情愉快； 3. 幼儿心智、品格的发展	

一位家长是这样说的："把孩子送来幼儿园也不指望在幼儿园里能学多少东西，只希望孩子身体健康，自己的事情自己做，免得上小学了还不会用筷子吃饭什么的。至于学习，顺其自然吧。"

(2)家长对幼儿园教育的建议。

家长对幼儿园教育的建议是一道开放性的问题，在对家长的回答进行整理之后，总结了以下几点建议：①多进行一些亲子类的互动，帮助加深父母与孩子之间的感情；②活动时间尽量契合家长，选择大部分家长有空的时间，以不打扰家长工作为宜；③活动以保障幼儿的身心健康为前提，促进幼儿全面和谐地发展。

(二)案例分析

进入幼儿园，观察记录幼儿园开展的家园合作活动，主要有三种形式：半日开放活动、亲子制作活动和"家长助教"。

1. 半日开放活动

半日开放活动是一个向家长全面展示幼儿园生活教育情况的良好时机，也是帮助家长了解幼儿园一日生活流程的重要途径。教师在组织各项活动中，可以更自然地将教育理念、教育方式展示给家长，争取家长的理解、支持和积极参与。幼儿园半日开放的对象是家长，上午半日开放内容主要包括早操、早点和上午的集体活动。

中班：家长半日开放活动

活动时间：4 月 1 日

活动缘由：半日开放活动是幼儿园传统，每个月向家长开放一次，帮助家长了解幼儿在园情况，同时配合幼儿园做好相关工作。

活动过程：

在开放日前两天，教师通过“家校通”通知家长开放活动及具体的到园时间。在开放日前一天，幼儿离园之后，教师布置教室，摆放椅子，分成内外两圈，幼儿在内，家长坐在自家孩子后面。在公告栏上将具体的活动流程写下来，同时附上具体的举行地点。

在开放日的早晨，家长或直接留下来等活动开始，或稍后赶过来。教师先带幼儿到操场进行晨间活动，由孩子们自由选择活动器械，在爸爸妈妈的关注下，孩子们都玩得很开心，家长也抓住这一契机，为孩子留下宝贵的影像资料。在等待做操的时候，组织了一场亲子版“贴烧饼”游戏(见图 6-2)，调动起幼儿的积极性。做完操，吃完早点，由教师组织集体语言活动《搬过来，搬过去》，这是一个关于鳄鱼先生和长颈鹿小姐结婚的故事，孩子们听得津津有味，积极动脑思考：为什么鳄鱼先生和长颈鹿小姐要不停搬家，他们适合住在哪里呢？孩子们可以积极举手，发挥想象力，将故事补充完整。10 点左右，由于教室空间限制，教师组织家长前往其他教室开家长会，大部分幼儿已经能够平静地对待分离，还能说出安慰人的话。但还有少数幼儿对家长过于依恋，嚎啕大哭，在教师的耐心劝导下才逐渐停止哭泣。

这样的半日开放活动结束后，家长是不把孩子直接接回家的，而是要求孩子继续待在幼儿园，完成当天的活动。因此在纪律的组织方面，教师表示有些吃力，会需要比平时更多的精力付出，才能将幼儿的注意力转移。

活动效果：半日开放，向家长展示了幼儿园上午的活动安排，使家长了解了幼儿园一日生活的流程，家园协调一致，对于幼儿在家生活常规的养成有重要的辅助作用；亲子活动调动了大家的积极性；家长亲身参与幼儿园的集体活动，了解了幼儿园的实际教学水平，也能更加信赖幼儿园，支持幼儿园活动，为以后家长工作的开展奠定基础。

图 6-2 亲子“贴烧饼”游戏

2. 亲子制作活动

亲子制作活动是一种由家长和幼儿共同完成的活动，大手牵小手，自己设计、制作作品，既有利于培养幼儿的创造力、动手能力，更是促进亲子感情的有效途径。由幼儿园主办亲子制作活动，使得家长更加信赖幼儿园，支持幼儿园活动的开展。

大班：制作亲子相框

活动时间：3月11日

活动缘由："三八"妇女节刚过去没多久，余温仍在，教师借此机会组织一场制作亲子相框的活动，让爱留在教室里。

活动过程：

教师提前制订活动方案，了解所需制作材料，在网上购买材料，做一个范例。通过短信告知家长活动时间、地点。

活动安排在下午，在孩子们起床之后，按组分桌，每桌放三包不同颜色的珍珠泥。先由教师讲解珍珠泥的使用方法，教师示范一朵简单的小花的制作过程，再由家长与幼儿共同制作(见图6-3、图6-4)，鼓励幼儿大胆想象，创造自己喜欢的图案。对仍然存在疑问的组别，教师进行个别指导。在活动中我们发现，妈妈们心灵手巧，做出的相框色彩丰富，美观大方。有些孩子的自理能力很强，基本上妈妈只是从旁指导，大部分的内容是孩子自己独立完成的。没过多久，一个个漂亮的相框就完成了。家长们拿出事先准备好的照片，放进相框里。孩子们看到自己和爸爸妈妈完成的相框，一个个都激动不已，纷纷拿给小伙伴炫耀："看，这是我做的相框。"还拿来告诉教师："老师，我做完了，这里面是我和妈妈出去玩的时候拍的照片。"得到教师的称赞之后，孩子们更是开心，回去告诉妈妈："老师说我的相框很好看。"等所有的孩子都完成之后，由教师为其拍照留念，做完的相框留在教室里，作为教室的装饰，学期末让孩子们带回去。

活动效果：亲子活动，让家长和孩子一起投入相框的制作中，增加肢体接触，加深了亲子间的感情，也让父母看见孩子的成长。同时亲自动手制作，用自己的创意，发展了幼儿的想象力、创造力和实际动手能力。幼儿在完成自己的作品之后，油然而生的一种自豪感是任何人都无法带给他们的，这也有利于培养幼儿的自尊心和自信心。

图 6-3　和妈妈制作相框

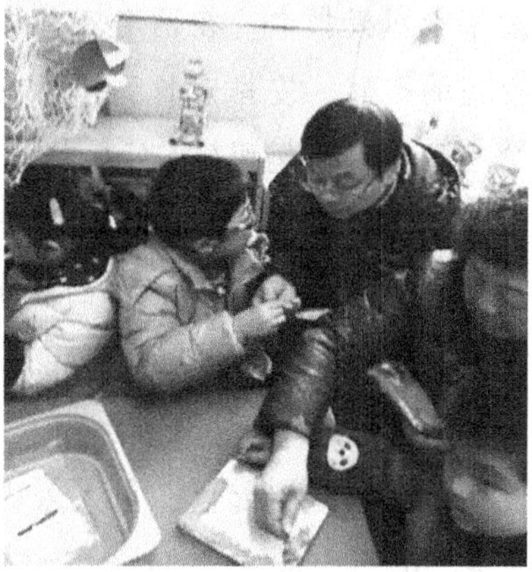

图 6-4　和爸爸讨论制作内容

3.“家长助教”

“家长助教”是由家长作为主体，参与幼儿园教育的一种活动，其面向对象是幼儿。主要方式是由教师提供机会，邀请家长到幼儿园担任“半日教师”或者是组织一场游戏、活动，引发换位思考，让家长体验幼儿园教师的角色，有利于家长设身处地地考虑教师的处境，方便今后家长工作的开展，加强家长和幼儿的主人翁意识，促进幼儿全面、和谐地发展。

中班：家长来园给孩子们讲故事

活动时间：5 月 10 日

活动缘由：图书是幼儿的好朋友，教师发现本班幼儿在听故事时注意力十分集中，而且故事也能发展幼儿的社会性，拓展视野。同时，家长也是幼儿园应当充分利用的教育资源，他们的职业、工作环境等都能够帮助幼儿开阔眼界。比如，很多家长善于给孩子讲故事，亲子阅读开展得很好，教师可以邀请这部分家长到幼儿园来给其他孩子一起讲故事，一方面有利于家长参与幼儿园教育，另一方面也能为幼儿的生活增加趣味性。

活动过程：

教师在上一次的家长会上向家长提出“家长到园讲故事”的这一想法，鼓励家长积极报名。在两名家长报名之后，教师与其商量时间，尽量选择家长有空的时间，安排家长到园讲故事。

来的是一位妈妈(见图6-5)和一位爸爸，带来的都是自己的孩子最喜欢的绘本故事，一本是《每天都说“我爱你”》，还有一本是《三只小猪》的故事新编。妈妈在讲完关于“爱”的故事之后，提问：“你向爸爸妈妈说‘我爱你’了吗?”幼儿积极举手，反响热烈。有人说：“我每天都说‘我爱你’。”有人说：“我爱爸爸妈妈，还有爷爷奶奶。”而爸爸讲故事的时候，动作夸张，表情生动，语调跌宕起伏，引人入胜，孩子们听完还显得意犹未尽。当教师告诉大家，以后还会有其他爸爸妈妈来讲故事时，孩子们情不自禁地鼓起掌来，表示欢迎。

活动效果：家长担任一次活动的“助教”，就会体验到幼儿园教师的实际工作环境。在活动结束之后，家长们表示教师不容易，三个教师要照顾这么一大群小朋友，也愿意下次继续来当“家长教师”。这种活动，有利于获取家长的理解、支持，也为家长参与幼儿园教育开辟了一条新道路，增加了家长参与幼儿园教育的途径和方式。

图6-5 妈妈来讲故事了

(三)教育建议

从幼儿园工作的角度，提出家园合作共育的建议：

1. 组织家庭教育讲座，更新家长的教育观念

社会进步，经济发展，人们的学历水平在不断提高，对幼儿园的教育质量也不断提出新的要求。但是根深蒂固的教育观念却没那么容易改变。在调查中有家长提出幼儿园应当增设兴趣班，教幼儿学习拼音、算术和英语，实行完全小学化的教育模式。针对这一现象，教师可以举行座谈会或者讲座，以实际案例改变家长的教育观念，让家长更多地关注幼儿良好行为习惯的培养。同时请专家为家长解读《幼儿园教育指导纲要(试行)》和《3—6岁儿童学习与发展指南》，帮助家长建立科学的育儿观，更好地进行亲子教育，也更积极地配合幼儿园教育。教师也要积极与家庭、社区取得联系，宣传、更新教育观念。

2. 增加幼儿园活动的种类和参与途径，提高家长参与积极性

在参与调查的家长中，不少家长建议幼儿园增加亲子活动，这也从一个侧面反映了幼儿园的亲子活动的缺失。而以往的几个常见的活动，如家长会、春秋游等已经让家长产生厌倦心理，他们认为怎么来来回回都是那几个活动。因此，笔者建议可以增加幼儿园活动的种类，如邀请家长到园成为“家长助教”，组织一次活动或讲一个故事；请家长成为幼儿园的安全志愿者，早晚放学时帮忙维持秩序；利用家长职业的不同，邀请家长来幼儿园讲述自己的职业，扩大幼儿的视野；发放成长档案，请家长和幼儿合作制作等。这些活动都能够增强家长、幼儿的主人翁意识，提高参与活动的积极性。

3. 创新沟通平台，增进家园互动

家长苦于没有交流平台，教师苦于家长不主动联系，既然如此，何不创造沟通平台，方便彼此交流。现在的幼儿园，已经开设了班级博客，教师每天都会及时更新，同时也为家长展示了幼儿的在园情况。为了让家长进一步地参与到幼儿园的教育中来，建议教师对每次的活动加以总结，给家长提供参与的途径。

家长参与幼儿园教育不是单方面的任务，也没有唯一的负责人，它需要的是教师与家长双方面的共同努力。苏霍姆林斯基说过：“没有家庭教育的学校教育和没有学校教育的家庭教育，都不可能完成培养人这一极其细微的任务。”教师要

为家长参与幼儿园教育创造环境，提供参与的机会和途径，帮助家长树立新的教育观念；家长要提高参与活动的积极性，改变旧有的教育观念，树立新的儿童观、教育观，配合教师的工作，家校合作才能为幼儿的成长提供双方面的保障。

第二节 幼儿园与社区的合作共育

《幼儿园工作规程》中明确提出："幼儿园应当充分利用家庭和社区的有利条件，丰富和拓展幼儿园的教育资源。"社区教育有利于丰富学前教育的内容，为学期教育扩大了教育空间，使学前教育更好地立足当地实际，形成特色，同时还能使学前教育方法多样化。支持和鼓励幼儿在社区中开展探究与表征活动，既能够提高幼儿的能力，增强幼儿的社会责任感，培养幼儿的主人翁意识，同时又可以锻炼幼儿的意识，愉悦幼儿的身心。

一、幼儿园在社区早期教育中的中心作用

(一)履行幼教机构的社会宣传职能：成为社区学前教育思想中心

幼儿园的园长、教师应时刻走在幼儿教育改革的前沿，掌握最新的教育信息和理念。作为专业幼儿教育机构的幼儿园，应该发挥自身的教育辐射作用，采取多种形式开展面向社区的学前教育宣传，让幼儿园成为社区的学前教育思想中心。几种主要的形式有：

1. 举办园外幼儿教育知识讲座

幼儿园可以利用自身的人员优势，面向全体社区居民定期、公开地举办专题教育讲座，系统介绍、宣传先进的教育思想、教育理念和科学的教育知识。例如，通过家长应树立怎样的儿童观、教育观，家庭教育的重要性及具体作用，家园社区合作共育的意义等一系列专题教育讲座，深入浅出地向家长和社区居民介绍教育理论知识，提高社区居民的教育素养。具体地还可以针对幼儿心理特点和家庭教育中普遍存在的问题，进行"如何营造理想的家庭氛围""婴幼儿的科学喂养""如何帮助孩子建立自信心""如何培养幼儿健康的心理""如何促进婴幼儿的主体性发展""如何培养幼儿的独立生活能力""如何培养幼儿的创新能力""如何

尊重孩子的个性差异”等具有一定操作性的教育讲座，理论联系实际，帮助社区居民更深入地理解教育理论知识，提高社区居民家庭教育的能力和水平。

2. 开办教育指导宣传栏

幼儿园也可以针对社区中对教育不同层次、不同方面的需要，开办教育指导宣传栏。宣传栏可以设在幼儿园附近，也可以设在经常有婴幼儿玩耍的社区活动中心、社区广场、居民小区等地点，供家长和社区人士在每天散步时阅读浏览，日积月累，可增强他们教育下一代的意识，提高其教育素养。

3. 出借本园学前教育资料

幼儿园的图书资料可以在不影响幼儿园正常教育教学的前提下向社区公众开放，让他们有机会阅读有趣的书籍，查找幼儿教育信息或者其他感兴趣的内容；

或者向社区居民及家长推荐比较好的幼儿教育书籍、报刊，引导社区居民通过自我学习，提高自身的教育素养，提高家庭教育水平和自学能力。

4. 编发教育宣传的小册子

幼儿园可以将一些幼儿教育知识印发成一系列的小册子供社区居民系统、深入地阅读学习，也可以把教育讲座的讲稿、宣传栏的内容印发上去，供家长和居民们反复地阅读、讨论、交流。

（二）与社区共享幼儿园物质资源：成为社区的教育活动中心

幼儿园可以利用本园的教育资源组织开展丰富多彩的活动，吸引社区婴幼儿、家长及社区居民参加。主要活动形式有：

1. 场地材料开放日

在可能的情况下，应充分发挥社区内幼儿园园舍、教室、玩具及各种教育设备的作用，积极向社会开放，为社区居民与幼儿提供更多的教育服务。开放时间可以在周末、假期，也可以是晚上。例如，有的幼儿园每周定期对幼儿、家长开放部分场地和材料（如大型玩具、体育器材、益智玩具、图书等），让家长们带着孩子来幼儿园自由活动；有的幼儿园利用本园的操场组织社区婴幼儿家庭趣味运动会；有的幼儿园还在周日或晚上为开展社区文化教育、联欢会等活动提供场地，充分地实现了幼儿园教育资源共享。

2. 社区婴幼儿美食制作活动

幼儿园可以利用本园的食堂和餐厅，请幼儿园食堂厨艺高超的师傅或婴幼儿食品专家举办婴幼儿膳食营养知识讲座，组织家长来学习制作外观精美、营养丰富的婴幼儿食品，帮助家长解决孩子吃饭难的问题。

3. 教育经验交流会

教育经验的沟通交流也很重要，幼儿园可通过家长教育沙龙、家长先进教育经验报告会等形式定期举办各种年龄段幼儿家长的教育经验交流会，给家长提供一个交流沟通教育问题和信息的平台，交流、探讨教子经验，互相借鉴，取长补短，共同提高育儿水平和成功育儿的信心。

4. 亲子园

幼儿园可以利用本园物质条件开办亲子活动园，让家长带着孩子参与，现场指导家长学习科学的婴幼儿护理、亲子交流的技术和技巧，掌握活泼有趣的亲子游戏方法，增进幼儿、家长、教师之间的感情和理解。近几年，在北京、上海等大城市中，亲子活动园比较多见。

5. 社区幼儿联谊活动

幼儿园可以周末开放，组织未入园幼儿、已离园儿童与园内幼儿的联谊活动，让同龄或异龄儿童一起游戏、交往，以弥补现代独生子女兄弟姐妹情感体验的缺乏，锻炼儿童的社会交往能力。

在以上的各项活动中，幼儿园的领导和教师自然地可以利用自身的优势成为活动的组织者，也可以请家长或社区人士来组织，让每一次活动开展得丰富多彩又富有实效。

(三)满足各种类型家长的教育需求：成为社区的教育服务中心

大部分幼儿园主要招收小区周围的孩子，尤其是新建的小区配套幼儿园。为了更好地为家长服务，幼儿园必须不断改进各方面的工作，提高办园质量，形成自己的办园特色，努力为小区居民创造良好的幼教条件。同时，幼儿园还要与社区建立紧密的联系，及时了解居民的需要，为幼儿和家长提供多种形式的教育服务，努力成为社区教育服务中心。

1. 不断提高教育教学质量

家长对孩子寄予厚望，他们希望孩子能受到更好的教育。因此，幼儿园办园质量的高低直接影响到生源，影响到为居民服务的可能性。如果本社区幼儿园办园质量不高，家长宁肯多走路、多付费，也要将孩子送到较好的幼儿园里。因此，保证办园质量是幼儿园为小区家长服务的根本。幼儿园必须花大力气提高教学质量，创造为小区居民服务的条件。

2. 灵活采用多种收托形式，满足小区居民的不同需要

婴幼儿家长的文化层次、工作条件和家庭经济状况各不相同，这就造成他们需要多种形式的托儿服务。幼儿园应改变过去单一的收托模式，向多样化方向发展。例如，有的家长不能按时接孩子或经常出差，幼儿园可以提供延时或昼夜托管幼儿服务；可以根据家长的需要，收托1—3岁的孩子；还可以为临时出门办事的家长开办临时托管婴幼儿、半日收托等多种形式的收托服务。近几年，许多幼儿园还开办了为小学生服务的“小饭桌”活动，负责中午小学生的就餐、午休问题，下午照看小学生写作业，等待家长来接。总之，幼儿园要充分考虑社区居民的多种教育需求，不断开拓，以多种形式为社区居民服务。这样既解决了居民的后顾之忧，也增强了幼儿园的办园活力。

3. 开通教育服务热线或网站

在现代化媒体手段多元化发展的今天，幼儿园可以利用电话、网络等手段与家长们加强沟通。特别是可以开通教育咨询服务热线，利用电话这一快速、便捷的手段，及时地对社区居民中出现的教育疑难问题予以解答和指导，让家长们知道，若在婴幼儿教育过程中碰到了疑难问题可以寻求幼儿园专业教师的帮助。

二、幼儿园与社区合作共育的实证研究

（一）现状调研

根据幼儿园与社区共育的相关问题，参考前人的研究，综合考虑各方面影响因素设计幼儿园教师调查问卷，问卷由两部分构成：①幼儿园教师的基本情况，如教师所在班级、职称、学历、教龄等；②主体部分，由封闭式的问题（选择题）和开放式的问题（问答题）组成，内容涉及幼儿园利用社区资源的形式，幼儿园教师对于社区资源价值的认识、社区资源的选择，幼儿园教师利用社区资源的困难、困惑与建议等。初测问卷编制完成后，在N市两个城区发放20份问卷给

幼儿园教师进行初测。问卷回收后，对其中的部分问题进行修改，并请相关的人员对问卷的信度和效度进行了分析，最终形成了正式的调查问卷。正式问卷在N市选取三所不同级别的幼儿园进行发放，它们分别是示范园、一级园和二级园。共发放100份问卷，回收问卷92份，回收率为92%，其中有效问卷90份，有效回收率为97.8%。其中小班教师32人(占总人数的35.6%)，中班教师30人(占总人数的33.3%)，大班教师28人(占总人数的31.1%)。然后对问卷所得的数据进行统计分析。

1. 幼儿园利用社区资源的情况

(1)幼儿园利用社区资源的形式。

幼儿园利用社区资源的形式是多种多样的，教师经常利用的社区资源也有很多。研究表明，教师在对社区资源的利用中，公园的利用率为98.9%，超市(食品店、小卖铺)的利用率为86.7%，博物馆(展览馆)的利用率为44.4%，医院(保健站)的利用率为41.1%，图书馆的利用率为33.3%，养老院(孤儿院)的利用率为30%，小区居委会的利用率为20%，种植场(养殖场)的利用率为13.3%，车站(地铁站)的利用率为11.1%，校园(大学、小学)的利用率为5.5%。

在对教师的访谈中，一位教师提道："公园是社区里都会有的，公园适合的主题有很多，如"春天来了""秋天到了"等。而且，带班里孩子去公园特别方便，所以一般来说，我会比较倾向也比较喜欢带孩子去外面的公园玩。"另外一位教师说道："经常带孩子去公园，其实很大的原因是公园是开放的，没有复杂的程序，如果去其他地方，可能还要提前申请。"

超市利用率高的原因是：①超市的覆盖率高，每个社区都有超市，而且很多社区有不止一个的超市，这给幼儿园教师的利用带来了方便；②去超市比较好组织，带领幼儿去超市，不像去其他地方，申请程序比较复杂。

(2)幼儿园利用社区资源的频率。

在对幼儿园利用社区资源的频率的统计中，频率为"比较少"的教师为31名，频率为"一般"的教师为26名，频率为"非常少"的教师为25名，频率为"比较多"的教师为8名，频率为"非常多"和"没有"的教师为0。

由此看出，大部分教师利用社区资源的频率为一般和比较少，表明幼儿园利用社区资源的活动频率不高。在对教师的访谈中，一位教师说："一学期可能会出去两三次，小班时去社区的更少，一年几乎都不去，到了大班，孩子稍微大点，能开展的活动相应的多了，这个时候我们会尽量多带孩子出去。”另外一位教师这样说：“现在家长很心疼孩子的，在幼儿园里老师多加注意，一般不会有什么意外，但是出去的话，家长会很担心，家长这方面工作就不好做。甚至有些家长认为这是老师不想上课，想轻松一下，才带孩子出去的，事实上走进社区比在幼儿园里上课要费事得多。”

不同年龄班的教师利用社区资源频率的对比如图 6-6 所示：

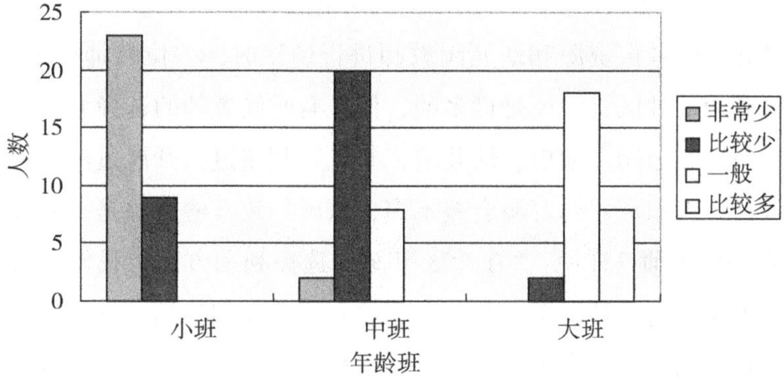

图 6-6　幼儿园不同年龄班教师利用社区资源的频率图

由图 6-6 可知，幼儿园不同年龄班教师对于社区资源利用的频率是不同的，主要表现为：小班的利用率大部分是“非常少”，中班的利用率大部分是“比较少”，大班的利用率大部分为“一般”。也就是说，随着幼儿年龄的增长，幼儿园教师对于社区资源的利用也会变多。在对幼儿园教师进行采访时，一位小班教师这样说：“我是带小班的，小班的孩子相对比较难带，现在还好很多，上学期孩子们刚入园时，很多孩子唯一做的事就是哭，老师每天都会很累，所以对孩子主要是训练常规，每天最重要的是让班里孩子有好的常规，基本上不会带他们出去。在幼儿园内活动，安全系数高，所以我们小班老师对社区资源的利用很少。而且，对于很多社区资源的教育意义，小班幼儿还不能了解，所以觉得带他们出去意义不是很大。”一位大班教师这样说：“我喜欢带他们出去，主要是因为他们是大班的孩子了，他们的知识面很广，懂得的知识很多，甚至很多是我们老师不熟悉、不了解的，所以带他们出去是我们老师和孩子一起学习、一起开阔眼界的好机会。而且大班孩子已经有很强的自理能力和自我保护能力，坐在车上、走在路上应该注意的问题、应该掌握的规则，他们都懂得，所以老师带起来就会很轻松。"

(3)幼儿园利用社区资源的选择。

根据统计发现，幼儿园教师认为未被开发的资源有加油站、烈士陵园、银行、服装店。在这些社区资源中，认为加油站资源未被开发利用的教师为63名，认为烈士陵园资源未被开发利用的教师为46名，认为银行资源未被开发利用的教师为22名，认为服装店资源未被开发利用的教师为10名。

就未被开发的社区资源和幼儿园教师进行访谈时，一位教师提道："我们幼儿园附近可利用的社区资源还是挺多的，但是有时候老师的选择会受很多因素限制，有的资源，如公园、超市，幼儿园，有老师利用过，开展过活动，那么别的老师就会效仿，大家利用的资源会差不多，这就导致有些资源是一直没怎么被利用的。"还有一位教师这样说："在社区资源的选择利用方面，我们要考虑很多方面的因素，不是所有的社区资源都可以直接利用，如加油站。有些社区资源幼儿目前还没有足够的经验去了解和认识，如银行，幼儿认为银行只是存钱、取钱的地方，其他功能幼儿无法理解。还有烈士陵园的资源，我觉得它可能距离我们幼儿生活较远，平时没有合适的机会去利用它。"

2. 教师对社区资源教育价值的认识

这道题是多选题，在问卷中几乎所有的教师对所有选项全部勾选，选项包括：①社区资源可以使幼儿园的教学活动得到补充；②社区资源使教师的教学形式更丰富；③社区资源可以丰富教师的教学内容；④社区资源能促进儿童全面发展；⑤幼儿园利用社区教育资源形成园本课程，能增进幼儿园与社区的互动关系。

由此可见，幼儿园教师都认识到幼儿园与社区共育的重要性，也都认同利用社区资源对幼儿的发展的促进作用。在访谈中，一位教师这样说："其实社区有很丰富的教育资源，我觉得只要老师提前安排、协商好，制定好合理的活动目标、活动计划，在活动过程中对孩子适时引导，孩子们都会从中学到很多东西，对孩子们的发展很有意义。"

3. 幼儿园利用社区资源面临的问题及建议

(1)幼儿园利用社区资源面临的问题

在问卷里幼儿园不能充分利用社区资源的原因中，所有的90名幼儿园教师都选了“担心会发生意外伤害”。有57名教师(63.3%)认为原因可能是“社区内资源还不够丰富，可被利用的资源少”，有35名教师(38.9%)认为原因可能是“缺乏财力支持”，有19名教师(21.1%)认为原因可能是“不在教师绩效考核范围”，有8名教师(8.9%)认为原因可能是“教师不知道该如何组织活动”。

一位教师这样说：“我们这些年轻老师还是挺喜欢带孩子出去的，拍拍照片，也感觉很有意思，但是每次都要老师提前去跟负责人说，有时要费很大精力去说，才能让活动开展。时间长了，次数多了，就觉得很麻烦，倒不如就在幼儿园里活动方便，这样之后出去的次数就少了。”

阻碍幼儿园教师把幼儿带出园去活动的因素主要有：①认识偏差。有些教师认为，幼儿园的教育应该在园内进行，可以坐在教室里解决的问题，不用到园外去解决。②费时费力。有些教师认为每次外出活动，都会“劳民伤财”，既耗时间又耗精力，而且往往付出大于收获，吃力不讨好。③较不安全。有些教师担心幼儿外出容易发生意外，不像园内活动安全系数高。④没有支撑。有些教师指出很多社会场所不愿意优惠开放，接待幼儿的参观游览也不情愿。

(2)幼儿园利用社区资源的建议

幼儿园利用社区资源的建议，是问卷最后的开放问题，在对教师们的回答梳理后，主要有以下建议：①多一些定点机构，形成常规化、常态化的合作模式，减少联络的繁杂；②上级主管部门对社区共育理念进行支持及财务支援；③幼儿园充分发挥家委会力量，得到更多家长的理解与支持；④请社区人员到幼儿园开展互动活动；⑤教师加强幼儿安全教育力度，同时社区加强安全设施建设，打消教师的安全顾虑。

(二)案例分析

走进幼儿园，了解幼儿园与社区合作共育开展的活动，在此主要呈现幼儿园以“走出去”的形式与社区的合作共育，对这些案例按幼儿参与度的高低做了分类，有参观活动、体验活动和分享活动。

1. 参观活动

参观活动是幼儿园利用社区资源的基本形式。当幼儿的探索问题超过教师所能解释的范围时，幼儿园教师可以组织幼儿去社区参观。一方面，幼儿通过实地的参观，与专业人员的交流、互动，使幼儿更加见多识广；另一方面，也能充分调动和激发幼儿的能力和兴趣去探索、去发现丰富多彩的大自然和大社会。参观指的是实地观看，在参观活动中，幼儿用各种感官感受、了解事物，幼儿的参与情况以外围的观察为主。

小班：参观标本馆

活动时间：11 月 14 日

活动缘由：班里的一个幼儿的爸爸在标本馆工作，有一天他从家里带来了一个爸爸送给他的蝴蝶标本，班里的很多幼儿对此都很感兴趣，为了让幼儿了解标本，班里便组织了参观标本馆活动。

活动过程：

早上孩子们很早便就来到了幼儿园，在前一天教师的安排下，孩子们都带了水、相机等。大家一起坐车前往附近的标本馆参观，一路上孩子们都在讨论，期待着看到标本馆里的动植物。到达标本馆后，在管理人员的带领下，大家先来到了大厅里，管理人员介绍了标本馆的大体情况。在管理人员和志愿者的带领下，孩子们进行参观(见图 6-7、图 6-8)。在参观过程中，教师鼓励孩子们大胆提问，说出自己的发现和问题。孩子们看得很认真，有几个孩子带着相机或者手机拍照片。当看到一些平常见不到的鸟兽时，孩子们就会激动地大叫，围在一起谈论，有的说它长得像什么，有的说在电视上看见过，等等。

活动效果：通过参观标本馆，孩子们看到了各种不同的标本，增长了见识，感知了自然界的丰富多彩，加深了对大自然中动植物的喜爱。

图 6-7 观看昆虫标本

图 6-8 观看植物标本

2. 体验活动

体验活动是幼儿园利用社区资源的主要形式。有些社区资源能让幼儿用眼睛看到，但它们只起到“见习”的作用，还有些社区资源能让幼儿亲自体验，让幼儿参与进去，就能起到“实习”的作用。所以教师应该放开幼儿的手脚，让幼儿大胆地去体验、去尝试。

中班：逛菜场

活动时间：10 月 16 日

活动缘由：为了让幼儿了解秋天蔬菜的种类，感受秋天是一个丰收的季节，组织幼儿到附近菜场体验生活。

活动过程：

幼儿园教师带领班级幼儿逛菜场。首先引导幼儿认识蔬菜摊、海鲜摊、肉铺、杂货铺等不同摊位以及所卖的食品，以增强幼儿对菜场整体的认知。接着，为了扩大幼儿对蔬菜的认识，教师介绍了一些蔬菜：花菜、土豆、番茄、藕、菠菜、包菜、空心菜、蒜、韭菜、香菜、莴苣、甘蓝菜、葱……在教师的介绍下，孩子们认识了更多的蔬菜，大家一起讨论自己爱吃的菜。有的小朋友说：“我最爱吃青菜，我奶奶说吃青菜可以让我更聪明，长得更高。”有的小朋友说：“我喜欢吃花菜，我妈妈炒得特别好吃，比幼儿园的还好吃。”还有一个小朋友说：“我喜欢吃藕，它一个一个的小洞很好看。”教师作了总结：“每种蔬菜对我们的身体都是有好处的，它们的作用、营养价值也是不一样的，所以小朋友们不能挑食，每种蔬菜都要吃，这样你们才能快快长大，才会变得更聪明。”最后，教师还为孩子们准备了一些钱，让他们尝试着自己买菜。孩子们拿着这些钱，有模有样地买了自己喜欢的菜(见图6-9、图6-10)。回园途中，孩子们拎着自己买的菜可神气了！

活动效果：这次活动给了孩子们很多亲身体验的机会，孩子们在实践的过程中，对菜场有了更多感性的经验，同时轻松愉快地学习了买卖活动的知识，有了礼貌交往的尝试，促进了他们社会性的发展。

图6-9 询问菜的价钱

图6-10 看各种各样的鱼

3. 分享活动

分享活动是幼儿园利用社区资源的常见形式。走出园门，把幼儿带进社会的大课堂中去接受教育，他们可以通过大社会这本活教材，学会关爱，学会分享，学习和朋友交往、同家长沟通。《幼儿园教育指导纲要(试行)》指出：“与家庭、社区合作，引导幼儿主动参与各项活动”，培养幼儿“乐意与人交往，学习互助，合作和分享，有同情心”的品质。分享是指与他人分着享受、使用、行使，也指让别人也感觉到自己的感受，或者同别人述说自己的感受。这种共享可以是精神上的，也可以是物质上的。分享活动是幼儿参与其中的，并且是幼儿参与度很高的活动。

大班：敬老院看望老人

活动时间：11 月 28 日

活动缘由：敬老爱幼是中华民族的传统美德，为了从小培养孩子敬老的品德，幼儿园组织大班幼儿去敬老院，看望敬老院里的爷爷奶奶。

活动过程：在活动前，教师和孩子们精心为老人们准备了丰富的礼物，有好吃的水果、适合老人吃的点心。在园长的带领下，大班的孩子来到了敬老院进行敬老活动。孩子们一来到敬老院，就受到了爷爷奶奶们的欢迎。孩子们先给老人作自我介绍，接着为老人表演节目，有歌曲、舞蹈、讲故事、讲笑话等，逗得爷爷奶奶们一直在笑，笑声传遍了整个敬老院。接着孩子们为爷爷奶奶们送上自己亲手做的手工品和温暖的祝福，有的孩子还贴心地为爷爷奶奶们捶背，和爷爷奶奶们聊天，爷爷奶奶们看着眼前的孩子，一脸慈祥，露出了幸福的表情(见图 6-11、图 6-12)。

在回幼儿园的路上，孩子们还沉浸在和爷爷奶奶的相处中，有的小朋友说："我好久没见到奶奶了，她回老家了，我很想她，放假我要去奶奶家。"有的小朋友说："有个爷爷和我爷爷长得一样，都是没有头发的。"还有的小朋友说："我给一个奶奶捶背时，奶奶很开心，等我回家了，我要给我的奶奶捶背。"

活动效果：组织幼儿去福利院、敬老院，不仅能培养幼儿对他人和社会的亲近感，而且能提高他们的人际交往技能，促进幼儿良好的社会品质的形成。

图 6-11　给爷爷奶奶捶背

图 6-12　给爷爷奶奶表演节目

(三)教育建议

1. 转变观念：使大教育观念深入人心

为了更好地实现幼儿园与社区的合作共育，幼儿园教师、社区里的居民、幼儿家长都要转变观念，其中最重要的是幼儿园教师的观念的转变。

“幼儿园教师要迅速转变观念，跳出狭隘的园内教育小圈子，树立大教育观，使社区资源得到充分运用，设计组织一系列的活动，培养幼儿的本土情结。”幼儿园教师可以以“社区的位置”“社区的环境”“社区的活动”“社区的人们”为主题，开展相应的教育活动，也可以以“社区的健康”“社区的食物”“社区的交往”“社区的安全”为主题，组织相应的教学活动。例如，在进行“社区的人们”的主题教育活动时，幼儿园教师可以带领幼儿了解社区里的不同人，如社区里的居民、社区里的社区工作人员、社区里的各种建筑设施里的工作者，让幼儿认识到社区里的每个人都是不同的，促使幼儿对各种职业形成丰富的认识，尊重劳动者。又如，在进行“社区的健康”的主题教育活动时，可以带领幼儿了解环境指数，知道哪些工厂会对环境有污染，从而会影响社区里的人们的健康。还可以带领幼儿一起了解社区里人们的食物的来源，去超市、菜场参观，让幼儿感知健康的重要性。

2. 政策保障：使幼儿园对社区资源的利用有政府的支持

根据国外经验，政府在社区学前教育中起重要作用，所以可以通过制定政策、条例、法规来协调与支持社区学前教育的开展，从而使社区学前教育能按照健康的轨道发展。这里指的政府对政策、条例、法规等的制定并不仅仅限于教育系统，还涉及妇联、民政等单位或系统。这是因为社区学前教育本身就是一项社会性的事业，它需要来自社会多方面的支持。政府除了通过制定政策、条例、法规来支持，也应该在经济上支持，提供资金保障。例如，美国在1974年就制定了《社区学校发展法》，以此确保社区对学校教育的重视，用来推动学校与社区的相互促进。《美国2000年教育战略》中提到了四项战略，其中之一便是将社区变成学校的社区。

3. 主体参与：使幼儿园、社区、家庭多元互动

幼儿园与社区的合作共育需要幼儿园、家长与社区的共同参与，三者需要紧密联系、统一思想。幼儿园应主动积极与社区联系，开发社区资源潜在的教育价

值。社区应积极配合幼儿园，加强社区安全设施建设。家长应充分发挥自己的优势，主要体现在利用家长的职业优势，不同的家长从事不同的职业，可能有的家长是大学教师，有的家长是健身教练，有的家长是图书管理员，有的家长是开发廊的。幼儿园教师可以根据本班幼儿的不同情况，与幼儿家长取得联系，提前计划安排好幼儿的参观行程。这样既省去了中间的很多复杂环节，在参观时，由幼儿家长带领介绍，也能进一步促进幼儿发展。

【思考题】

1. 调查一所幼儿园，了解幼儿园通过哪些途径实现家庭、幼儿园、社区的合作共育。

2. 分析你所在的社区对开展学前教育做了哪些工作。

3. 调查几个家庭，了解他们家庭教育的现状、困惑以及希望得到哪些帮助。

【参考文献】

[1][美]乔伊斯·L. 爱波斯坦，等，著. 大教育：学校、家庭与社区合作体系[M]. 曹俊骥，译. 哈尔滨：黑龙江教育出版社，2016.

[2][美]钱德勒·巴伯，尼塔·H. 巴伯，帕特丽夏·史高利. 家庭、学校和社区——建立儿童教育的合作关系[M]. 丁安睿，等，译. 南京：江苏凤凰教育出版社，2014.

[3][美]格雷恩·奥尔森，玛丽·娄·福勒. 家校关系——与家长和家庭成功合作[M]. 朱运致，译. 南京：南京师范大学出版社，2013.

[4]陈鹤琴. 家庭教育[M]. 上海：华东师范大学出版社，2018.

[5]李燕. 学前儿童家庭与社区教育[M]. 北京：高等教育出版社，2017.

[6]李燕. 家庭教育学[M]. 杭州：浙江教育出版社，2013.

[7]刘琪，杨雄. 家庭教育与儿童发展[M]. 上海：上海社会科学院出版社，2017.

[8]王乃正，王冬兰，张小永. 学前儿童家庭教育[M]. 北京：北京师范大学出版社，2013.

[9]郑益乐. 学前儿童家庭教育[M]. 西安：西安交通大学出版社，2016.

[10]李涛. 学前儿童家庭与社区教育[M]. 上海：华东师范大学出版社，2017.
[11]中国儿童中心组. 学前儿童家庭教育指导研究[M]. 北京：中国人民大学出版社，2018.
[12]李贵希，王燕. 学前儿童家庭与社区教育[M]. 北京：北京师范大学出版社，2015.
[13]李生兰. 学前儿童家庭教育与活动指导[M]. 上海：华东师范大学出版社，2014.
[14]李天燕. 家庭教育学[M]. 上海：复旦大学出版社，2018.
[15]郁琴芳，温剑青. 教师家庭教育指导实务[M]. 上海：上海社会科学院出版社，2018.